一本书读懂

酒店数字化运营与管理

常君臣 ◎ 著

Digital Management of Hotels

中华工商联合出版社

图书在版编目（CIP）数据

一本书读懂酒店数字化运营与管理 / 常君臣著. -- 北京：中华工商联合出版社，2024.1
ISBN 978-7-5158-3872-4

Ⅰ.①一… Ⅱ.①常… Ⅲ.①饭店－运营管理－数字化 Ⅳ.①F719.2

中国国家版本馆CIP数据核字（2024）第029737号

一本书读懂酒店数字化运营与管理

作　　　者：	常君臣
出　品　人：	刘　刚
图 书 策 划：	蓝色畅想
责 任 编 辑：	吴建新　林　立
装 帧 设 计：	胡椒书衣
责 任 审 读：	付德华
责 任 印 制：	陈德松
出 版 发 行：	中华工商联合出版社有限责任公司
印　　　刷：	天津中印联印务有限公司
版　　　次：	2024年4月第1版
印　　　次：	2024年4月第1次印刷
开　　　本：	710mm×1000mm　1/16
字　　　数：	204千字
印　　　张：	15
书　　　号：	ISBN 978-7-5158-3872-4
定　　　价：	56.00元

服务热线：010-58301130-0（前台）
销售热线：010-58302977（网店部）
　　　　　010-58302166（门店部）
　　　　　010-58302837（馆配部、新媒体部）
　　　　　010-58302813（团购部）
地址邮编：北京市西城区西环广场A座
　　　　　19-20层，100044
http://www.chgscbs.cn
投稿热线：010-58302907（总编室）
投稿邮箱：1621239583@qq.com

工商联版图书
版权所有　盗版必究

凡本社图书出现印装质量问题，
请与印务部联系。
联系电话：010-58302915

前 言

写作缘起

随着经济的不断发展,越来越多的人和资金流向了酒店行业,为了在激烈的市场竞争中使酒店良性发展和收益最大化,如何给用户提供优质的产品和服务成了现代市场环境下每一个酒店从业人员面临的现实问题,尤其随着移动互联网的普及,酒店选择通过OTA平台销售客房成了一种必然趋势。

对于酒店而言,OTA平台的客源占比呈现不断增长的趋势。

但在研究酒店获客方法的过程中,我发现酒店从业人员对于OTA平台的了解程度参差不齐,甚至还有相当多的酒店对什么是流量、什么是转化率都有所疑惑。这种状况导致大量传统酒店失去了原有的竞争力,而相对较早接触和使用互联网的酒店则享受了大量的流量红利,使得竞争格局发生了极大变化。因此,我决定创作这本书,希望通过理论与实操案例相结合的方式,助力酒店商家通过OTA平台做好数字化营销,同时提升酒店服务水平,拓宽获客渠道,提升收益。

用户反馈

我发现OTA平台运营较成熟的酒店，其店内管理和线下管理都是非常优秀的；而如果酒店在OTA平台运营上有所欠缺，也能不同程度地反映出其店内管理和线下管理有非常大的提升空间。

为什么会出现这样的情况呢？因为OTA平台是介于用户和酒店之间的第三方。很多用户在一家酒店入住完成后会点评，而点评是用户对入住的酒店的一个全方位的评价，包含了位置、服务、设施、卫生等各个方面。这就给未来的其他用户提供了一个参考，并且这个参考具有相当高的可信度。这从另外一方面说明了一个问题，酒店在OTA平台做数字化营销的优劣，已经是一家酒店运营是否良好的一个重要的衡量标准。

内容涵盖

本书从用户、酒店从业人员、平台三方视角出发，内容涵盖了酒店OTA平台运营、酒店服务设计、酒店收益管理等方面，同时结合了我多年酒店工作的经验、全国各地200余场线下授课的经验、全国各地600余家各类型酒店入住及调研的经历，以及丝绸之路酒店节的学员交流和反馈，通过对酒店运营的各个版块的实操、纠偏、总结，尽可能为广大读者呈现出内容新颖、实操性强、紧跟市场的专业化运营指导。

在OTA平台运营方面，涵盖了影响订单量的重要因素——流量和转化率的解读，具体有酒店流量获取的五个渠道及实操、OTA平台信息优化、图片信息优化、好评转化及点评回复等内容。本书还有极简式酒店收益管理方法和"承接下意识，激发潜意识，延续用户使用习惯"的酒店服务设计等内容，帮助酒店把线上流量获取和转化率提升与线下店内管理相结合，联动酒店各部门协同发展，满足不同用户的需求，以提高用户满意度，从而达到订单增长、收益提升的目的。

同时比较遗憾的是，由于OTA平台部分规则经常变化，为了保持书中内容常看常新，不得不舍弃一些版块，例如携程酒店PSI服务质量分、美团酒店HOS指数、飞猪酒店MCI与平台房价房态的操作方法等。如果读者日常经营遇到这部分内容时可实时查看对应平台的介绍。

为谁而写

本书的内容涉及酒店运营的各个岗位和部门，面向酒店前厅部、客房部、OTA运营、预订部等各部门的员工、主管、总监、店长、总经理等。无论是对刚入门的小白还是资深的酒店运营者，均有非常高的指导意义。

此外，由于市场上同类型书籍的匮乏，一些开设酒店电子商务专业、酒店管理与数字化营销专业的院校也可以选择此书作为学生的辅助教材。

如果你是酒店的业主、投资人

数字化时代，人人都是参与者和受益者，紧跟潮流抓住机遇才能与时代同频。在酒店行业，我们惊讶地发现，那些被行业高度认可的酒店，在OTA平台一定也是受到用户喜爱的酒店。

谁优先把酒店与互联网链接起来，了解并很好地使用互联网，谁就抓住了机遇，而仍然用传统思维经营酒店、不积极使用互联网的业主和投资人，酒店经营的压力会越来越大。这类型的酒店应该以自身强大的管理优势，在数字化时代开辟一条更宽广的道路，从而在酒店行业树立榜样。

酒店的用户越来越年轻，越来越习惯和依赖互联网，酒店业主、投资人只有了解和重视互联网才能更加清晰地知道用户的一些预订习惯和需求变化，才能与千禧一代的年轻人思维同频，才能更好地管理"95后""00后"的员工，才能更好地专注于酒店的投资决策、收益决策和用户服务决策。

如果你是酒店的总经理、店长

总经理、店长是酒店业主、投资人的左膀右臂，一家酒店经营得成功与否，很多时候跟总经理、店长有直接关系。总经理、店长对用户的了解、对用户的分析、对客源群体的把握和对市场的预判等，能给业主和投资人提供关键决策的有力支撑。

总经理、店长通过对本书的阅读和学习，能更深层次地掌握酒店管理技能，对上汇报能更加专业有条理，对内管理能更加游刃有余有能力。

总经理、店长需要持续不断地提升自己、突破自己，深入地了解用户、了解团队，带领团队在酒店市场争取到更多的用户，并且要让用户满意，打造高品质的具备持续盈利能力的酒店。

如果你是酒店中基层管理人员

很多酒店高管都是从基层员工一步一步成长起来的，中基层管理人员作为酒店的中流砥柱，能否很好地执行领导的决策，至关重要。

相比于5年前、10年前，酒店的经营格局已经发生了巨大的变化，用户在酒店的真实感受都有机会发表在互联网，并且能够被其他的用户看到。我们常说"雪崩的时候没有一片雪花是无辜的"，同样用户的满意与否跟每个酒店从业人员息息相关。因此，酒店的中基层管理人员更应该好好地阅读这本书，从这本书中找到相关部门如何互相配合，为用户提供优质服务、建立良好口碑、提升酒店收益的方法。

如果你是酒店小白

如果你是酒店管理或运营的小白，之前没有从事过酒店经营工作，甚至没有从事过服务业工作或是刚从学校毕业的大学生，那么恭喜你，这是一个对年轻人极其友好的时代。或许未来你才是酒店里最了解用户的那个人，也是酒店里最具发展潜力的那个人。

数字化时代，各行各业要想更好地发展，都无法避开互联网。酒店经营必须了解OTA、学习OTA、运用OTA是大势所趋，用户在线转化率的逐年提高就是很好的佐证。你能够通过本书更好地了解用户的习惯和用户的行为，以及当前酒店行业发展的现状，能够更早地看清未来酒店的发展趋势，能够比其他人更早地为自己创造学习的机会。

通过对本书的学习，你将知道如何很好地与各个部门互相协调，你也将能够很好地把握用户的需求，甚至可以揣摩一些用户的想法并下意识地做出一些符合用户需求的决策。

你将在你的本职工作之外，了解到酒店其他部门了解不到的东西，发展潜力也会更大。

致谢

本书在创作过程中，克服了很多困难，很多机构和个人给予了我极大的帮助，在此向他们致以最诚挚的感谢。

也感谢美团酒店培训中心的各位同仁种下了创作此书的种子，感谢你们的无私奉献和大力支持，让我有机会分享我的知识和经验。最后也要感谢出版方的大力支持，是你们追求极致的精神让本书有了高质量的呈现，并最终与读者见面。

目 录

第一章　酒店数字化运营的逻辑

　　第 1 节　3W 运营逻辑 /2

　　第 2 节　让用户看得见的流量逻辑 /4

　　第 3 节　利用数据指导酒店运营 /6

第二章　流量的来源

　　第 1 节　合作流量 /14

　　第 2 节　搜索流量 /15

　　第 3 节　促销流量 /27

　　第 4 节　工具流量 /36

　　第 5 节　站外流量 /46

第三章 酒店房型名称设计

第 1 节　房型名称设计的重要性 /50

第 2 节　酒店房型名称设计原则 /51

第 3 节　房型名称设计规范及限制 /69

第四章 基于酒店问答的信息优化

第 1 节　酒店问答的统计分析 /74

第 2 节　酒店问答版块的优化 /81

第 3 节　根据酒店问答优化其他信息 /84

第五章 酒店信息完善

第 1 节　各平台的酒店信息管理界面 /92

第 2 节　基础信息的完善 /94

第 3 节　服务设施信息的完善 /97

第 4 节　房型信息的完善 /100

第 5 节　图片信息的优化 /105

第六章　酒店收益管理

第1节　酒店收益管理的由来 /128

第2节　酒店收益管理方法 /132

第3节　房价预测及调整实操 /141

第4节　钟点房的运营 /147

第七章　好评及转化

第1节　用户好评的转化 /156

第2节　好评转化五步曲 /165

第3节　好评转化实操案例 /175

第4节　好评转化的考核 /185

第八章　评价回复

第1节　关注评价的积极影响 /190

第2节　评价回复技巧 /197

第3节　评价回复案例解析 /200

第九章 酒店服务设计

第 1 节　顾客的不满与投诉 /208

第 2 节　服务设计的核心理念 /215

第 3 节　核心理念的落地方法 /223

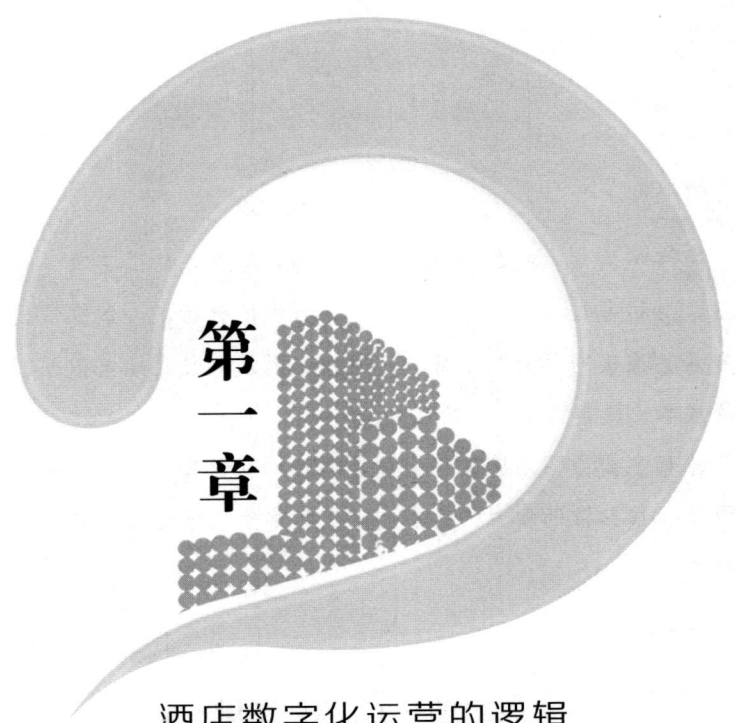

第一章

酒店数字化运营的逻辑

数字化运营也叫数据化运营，是指通过数据化的工具、技术和方法，对运营过程中的各个环节进行科学的分析，为数据使用者提供专业、准确的行业数据解决方案，从而达到优化运营效率、降低运营成本、提高运营效益的目的。

本章主要介绍酒店数字化运营的3W运营逻辑、流量逻辑和数字化逻辑，旨在帮助读者快速掌握酒店数字化运营的基本概念和实践方向。

第1节 3W运营逻辑

我们思考一下，酒店平台的运营主要有哪几个方面呢？答案是三个：用户、商家和平台。如何实现用户、商家、平台三者之间的共赢，是酒店平台运营的核心目标，也是酒店数字化运营的第一个逻辑，我们把它称作"3W运营逻辑"。

一、围绕用户我们要解决什么问题？

酒店运营首先要解决的就是用户需求的问题。

对于酒店来说，用户的主要需求就是预订一间适合自己的高性价比的客房。作为酒店运营者，我们需要考虑的是，如何让用户来预订自家酒店的客房；而平台运营者需要考虑的是，如何让用户来到自家平台寻找一家适合自身消费的酒店，然后预订一间房。

用户完成预订—办理入住—房间使用—评价反馈—再次入住，这是一条完整的用户从预订到再次入住的需求路线，我们的工作就是围绕着这条需求路线展开的。比如，在用户选择酒店、预订房间的过程中的交互体验；在入住酒店的过程中享受到的酒店基本服务或增值服务；在入住酒店的过程中的投诉处理等。最后，当用户再次想要入住该酒店或再次有入住需求时，该酒店的相关信息能否触达该用户？这些就是围绕用户需求需要解决的问题。

二、围绕商家我们要解决什么问题？

商家在酒店数字化运营中又有什么样的诉求呢？商家最核心的诉求是收益增长。收益是否增长决定了商家是否还有能力和机会继续做更多的其他的事情。因此，在酒店数字化运营的过程中，我们最需要解决的是商家的收益增长的问题。

从平台运营的角度来看，想要收益增长最基本的方法就是提升订单量。因此，商家要了解平台的规则：一方面，商家要了解用户端的规则，比如点评的规则、商家在平台上排名的规则等；另一方面，商家还要了解商家端的规则，比如如何公平、高效地使用平台，如何跟平台、用户进行良好的沟通等。这些都是围绕商家要解决的问题。

三、围绕平台我们要解决什么问题？

平台在酒店数字化运营中扮演一个什么样的角色呢？

比如，某OTA平台上有几十万的商家，平台如何帮助这么多的商家获得他们期望的收益？再比如某OTA平台有几亿的用户，平台如何为这么多的用户做好服务？这些都是平台需要思考的。

概括来说，平台需要满足酒店商户通过有效营销获取目标收益的诉求，需要解决用户消费后获得完美体验的诉求，还需要实现商家诉求与用户诉求的最佳连接。比如美团OTA平台在酒店数字化运营方面，有"公明收益"中的"收益早报""同行动态""市场热点"等工具；携程平台在数字化运营方面，有"数据中心"中的"竞争圈动态""市场分析""用户行为"等工具，都可以为商家提供流量、转化率、价格、同行对比等数据参考。

第2节　让用户看得见的流量逻辑

商家要想实现收益增长就要提升订单量，要提升订单量就要解决流量和转化率的问题，归根结底要解决的就是让更多用户看得见自家酒店的问题。也就是说，商家不管是用平台的营销工具，还是参加平台的促销活动，或者做站外的引流，最终要解决的都是能让多少用户看得见自家酒店的问题。

要解决让用户看得见酒店的问题，必须抓住三要素：曝光、排名和预订体验。

一、无处不在的曝光

无处不在的曝光就是说商家要尽可能地让酒店曝光在任何用户可能触达的地方。

曝光可以通俗地理解为展示。曝光量是指酒店信息在搜索引擎或各大网站、APP等平台上的展示量。以美团平台为例，曝光量就是指酒店信息在美团平台上的展示量。

比如，有一些顾客在选择酒店时会到相关网站去搜索预订，因为他可能不太会使用OTA平台；也有一些顾客是在朋友圈看到有关酒店的信息，然后进行预订；还有一些顾客是在短视频平台或者其他自媒体平台看到酒店信息，然后选择预订。顾客预订酒店的路径非常多，所以我们要尽可能做到无处不在地曝光，曝光越多，可能给我们带来的转化订单就越多。

二、优于同行的排名

很多人在提到"排名"时，都认为是酒店在OTA平台列表页的排名，但实际上不完全是。酒店的排名体现在各个方面，比如当用户在相关网站上进行搜索时，酒店信息排得越靠前越可能获得更多的流量和更多的转化。可见，优于同行的排名是指在任何渠道中的排名都要优于同行。比如在短视频平台，酒店官方账号发布的短视频获得的关注量、阅读量、收藏量、点赞量越多，酒店的排名就会越优先，酒店可以获得的用户群体就会越大。

因此，不管是在OTA平台还是其他营销平台，我们都要努力让酒店的排名优于同行。

三、良好的预订体验

预订体验是用户体验的一部分，顾名思义，就是用户使用平台预订一家酒店后的最直接的感受，这种感受包括操作习惯、使用后的想法等。

良好的预订体验是用户是否使用这个平台和是否继续使用这个平台预订酒店的非常重要的一个影响因素。比如，一个用户原来是某个平台的忠实用户，结果在遭遇了几次不好的体验之后变成了其他平台的用户。因此，在酒店运营过程中，无论是平台还是商家都要努力为用户打造良好的预订体验，增强用户的黏性。

第3节 利用数据指导酒店运营

那如何着手运营一家酒店呢？

大部分运营人员在接手酒店后不知道应该做什么，往往是看到什么就做什么，比如拍一些照片上传到平台、调整一下图片、回复一些用户评价等。这种盲目的运营方式会产生两种结果：第一种是一开始歪打正着地把酒店运营起来，但慢慢地就发现后继无力，前期积累的流量开始流失；第二种是好像做了很多的优化，但订单量并没有明显的提升。

我曾经做过多次试验，发现了一个很有意思的现象。当我把美团APP打开，定位一个我从来没有去过也没有浏览过的城市时，我发现排在前几名的酒店的图片可能不是最漂亮的，评分也不是最高的，可它们的排名就是非常靠前。对于这个现象，我们可以这样理解，在没有其他人为因素干扰的情况下，这些酒店的平台运营与它们所在的城市的同行相比，做得更好。

可见，酒店平台运营并不是拍一些好看的照片、提高酒店的评分这么简单。当然，好看的宣传图片在酒店运营中很重要，但对你的酒店来说是不是最重要的呢？评分也非常重要，但对你的酒店来说是不是最重要的呢？这些都需要有数据的支持，需要通过数据分析来寻找答案。比如，某酒店周边的同行的评分都是5.0分，而该酒店是4.8分，那从用户综合评分这个角度上来讲，该酒店获得的流量和转化很有可能就会低于周边的同行；但如果周边的同行都是4.7～4.9分，该酒店也在这个分数范围内,订单量却比较一般,那该酒店存在的问题可能就不只是评分的问题了。

每一个因素都很重要,但每一个因素都不是唯一因素。如何找到运营的关键因素呢?这就需要酒店运营者学会利用数据指导酒店运营。

一、利用数据诊断酒店经营状况

如何利用数据诊断一家酒店的经营状况,找到酒店运营工作中存在的问题?

以美团平台(各平台数据解读的逻辑是相通的)为例,诊断一家酒店的经营状况可以使用"收益早报"。"收益早报"上的数据可以非常直观、明确地反映酒店运营的一些近期情况(如表1-1所示)。

表1-1 "收益早报"的数据展示

	曝光人数	曝光-浏览转化	浏览人数	浏览-支付转化	支付人数
我的酒店	703	18.1%	127	8.7%	11
同行均值	1705	15.0%	256	5.4%	13.8
同行第一	1418	20.4%	289	11.1%	32

美团平台PC端"收益早报"的数据分为"我的酒店""同行均值""同行第一"三个部分,每个部分涵盖的数据包括曝光人数、曝光-浏览转化、浏览人数、浏览-支付转化、支付人数。我们要读懂这些数据,就要知道每一个数据背后的意义,知道每一个数据的来源和影响因素。只有这样,我们才能够知道"我的酒店"在当前环境下遇到了哪些问题和如何进行优化。

1.曝光人数的数据分析。

从表1-1中我们可以看到，"我的酒店"曝光人数是703，"同行均值"是1705，"同行第一"是1418。也就是说，"我的酒店"的曝光人数明显低于"同行均值"和"同行第一"。有人可能认为这代表酒店缺流量了，需要引流。但是我们要知道，曝光人数的数据来自于酒店的列表页。这里的列表页并不单单是指用户点击"查找酒店"之后的下一个页面，其实每一个入口点击进去生成的页面都可以称为一个列表页。每一个列表页的酒店排名都会影响到酒店流量的获取。

2.浏览人数的数据分析。

浏览是指用户看到酒店信息后点击进入酒店详情页进行查看的行为。

浏览人数实际上就是从曝光到用户点击的一个过程，也就是曝光到浏览的转化数量。用一个通俗的例子来讲，假设你到了一条美食街，一眼望过去有很多家餐厅，但你只选择了一家餐厅进去查看菜单，那么其他餐厅就只是完成了曝光，而你选择的这家餐厅则完成了曝光到浏览的转化。你之所以选择这家餐厅，有可能是因为它的门面比较漂亮；也有可能是因为它的店名比较吸引你；也有可能是因为它所经营的菜系刚好是你想要吃的；也有可能是因为它距离你比较近，你不想再花更多的时间去挑选；也很有可能是因为看上去它的价格应该在你的承受范围之内；也有可能是它正好在做某个活动……这些都是可能影响餐厅曝光到浏览转化的因素。

3.支付人数的数据分析。

支付是指用户查看酒店详情页之后选择预订该酒店并完成下单的过程。

用户看见酒店信息并且进行点击之后，就会进入酒店的详情页面。

支付人数就是进入酒店的详情页之后，对所需要的产品最终进行了预订的用户人数。

从酒店的详情页到最终下单，用户浏览了几个页面？我们只有找到这个答案，才能够针对性地优化对应的页面。酒店详情页展示给用户的信息有酒店相册、点评分、点评条数、地址信息、房型信息、设施信息、酒店评论、酒店问答等。这里的每一个信息，都有可能成为用户是否预订酒店的重要影响因素。

假设用户看完这些信息之后选择了一间大床房，他需要点击"在线付"，然后提交订单。订单提交页面包含房型信息、订房必读、房间数量、住客姓名、联系电话、预计到店时间、本单可享优惠、费用明细、重要提醒等相关内容。

很多人在日常生活中可能都遇到过一种情况，比如在商场里要买一个包，前面所有的沟通都到位了，款式也没有问题，材质也不错，价格也确定了，但是在付款的那一刻，突然间犹豫了或者是放弃了。

在酒店的订单提交页面实际上也经常会出现这样的情况，可能是因为酒店的折扣活动，也可能是因为酒店的费用明细、订房必读、重要提醒等一些信息影响了用户最终下单的决心。因此，我们在优化酒店的详情页时，也要对订单提交页面的信息进行优化，比如给到更大的折扣力度、展示更多的优惠信息等。经常会有一些酒店经营者表示，自己的酒店的流量不错，但是转化率总是不高，很有可能他们就是忽略了订单提交页面的信息优化。

这些问题都必须依靠数据的分析和解读才能发现。因此，利用数据指导酒店运营的第一步就是利用数据诊断酒店经营的状况，找到运营的问题所在。

二、利用数据指导转化

OTA平台中有两个关键数据，即曝光-浏览转化、浏览-支付转化。这两个数据都和转化相关，那么是不是转化越高越好呢？关键就在于转化的过程是否会受到酒店房间数量的制约。我们针对曝光-浏览转化、浏览-支付转化两个数据分别进行分析。

1.曝光-浏览转化数据分析。

从前表1-1中我们可以看到，相对于"同行均值"和"同行第一"的数据来说，"我的酒店"的曝光-浏览转化属于中间值，浏览-支付转化也属于中间值。当我们看这些数据的时候，不能单纯地看它是高了还是低了，也不能单纯地与同行进行对比，我们要考虑它是否有一些相对应的制约因素。比如曝光-浏览转化，当在列表页有多家酒店展示的时候，用户是否有意愿去点击某一家酒店，这就关系到一些会影响用户点击和浏览的因素，也就是列表页所展示的酒店的信息，比如酒店头图、酒店名称、酒店标签、星级档次、酒店点评分、酒店所在商圈、酒店优惠信息及酒店的价格等。

在列表页，用户还不能够清晰地知道酒店的房间数量，所以不会受到酒店的房间数量的限制。也就是说，用户不会根据房间数量的多少去选择点击或者不点击某酒店。因此，在曝光-浏览转化阶段，转化率越高越好。

2.浏览-支付转化数据分析。

浏览-支付转化也就是从用户进入详情页到最终下单的转化。在这个过程中，用户会不会受到房间数量的制约呢？很显然用户最终是否下单会受到酒店的房间数量的影响。

比如，在表1-1中，我们假设该酒店的房间数量是11间，一个用户只预订一间房且所有预订房间都是需要当天入住，如果酒店的浏览-支付转化率继续提升，从8.7%提升到9.5%，最终支付人数达到12人，但酒店只有11间房，可能就会出现爆房、超售等情况。酒店运营者都知道，用户到店无房或没有房间就会产生用户投诉，这也是酒店运营中常见的、最难处理的投诉之一，甚至可能需要赔偿。

因此我们要尽可能避免出现这种情况，也就是浏览-支付转化的转化率会受到酒店的房间数量的影响，转化率不能过高，合适就好。这就区别于我们通常认为的情况，比如某电商平台销售一款鞋子，通常情况下在售完以后可以继续增加库存，而酒店客房售完之后基本是不可能随时增加库存的。

我们再做一个假设。假设该酒店的浏览-支付转化率不变，仍然是8.7%，而酒店的流量提升到1406，也就是曝光翻倍，那么酒店的最终支付人数也会翻倍，变成22人。而房间数量仍假设是11间，那么就会有11间房的预订用户无法正常安排入住。为了使得酒店房间的预订数仍然控制在11间，酒店运营人员有两个处理方法，要么提前关房，要么涨价，无论采用哪种方法，都会降低支付转化率。只有使支付人数控制在11以内，把支付转化率由原来的8.7%变为4.35%，才能正常安排预订用户入住。这也进一步说明了，曝光-浏览的转化率越高越好，浏览-支付的转化率合适就好。当然也从另外一个层面说明了，酒店出现这样的情况时，也就有了有效涨价时机。

三、用好数据，让数据说话

酒店运营人员在开始运营一家酒店的时候，不要盲目地定义哪个因素是最重要的，而应该从数据分析开始，让数据说话。只有这样才是最科学的，才能根据酒店的实际情况去优化酒店的信息，才能开出最适合自家酒店的运营"良方"。

比如，还以表1-1为例，结合酒店的实际房量，我们先检查最基础的一些影响转化率的因素，如果发现没有太大的影响，接下来我们要做的就是提升流量，因为酒店的曝光人数不管是跟"同行均值"还是"同行第一"相比，都有非常大的差距。我们可以从影响流量的要素进行优化，比如酒店名称的优化，参加OTA平台的活动，使用OTA平台的推广通、金字塔等提流工具，来提升酒店的流量。

还有另外一种情况，就是酒店的曝光数据特别好，跟"同行均值""同行第一"相比，都处于领先或者接近的状态，但是没有订单或者订单变化不大。这个时候，我们就不需要优先考虑流量的问题，而是要考虑酒店的实际房量跟转化率之间的关系，针对性地去解决影响转化率的因素，比如图片、点评分、房型名称、设施设备、酒店问答等信息的优化。这些信息的优化可以提升酒店的转化率，在后面的章节我们也会做具体的介绍。

总之，酒店数字化运营的根本在于如何利用平台的数据指导酒店运营，让数据说话。

第二章

流量的来源

运营OTA平台的核心目的就是获取更多的订单，要解决获取订单的问题，就要知道是什么因素在影响订单的获取。相信大多数的酒店人都知道答案就是流量和转化率，所以要想有更多的订单，就要从流量和转化率两个方面来解决。

流量究竟从哪里来？这是首先要问的一个问题，清楚了流量从哪里来才能针对性地解决流量不足的问题，从而达到提升流量的目的。

我把流量按照不同来源分成了五个部分：合作流量、搜索流量、工具流量、促销流量和站外流量。本章主要介绍这五种流量的来源，帮助读者从以上五个方面对酒店的信息优化调整，有的放矢地解决酒店的流量问题。

第1节 合作流量

合作流量，是指根据酒店与OTA平台合作的不同程度而带给酒店的不同大小的流量。

当酒店与OTA平台，比如美团、携程或飞猪等合作以后，平台就会把酒店放在"酒店频道"的大版块里，就像餐厅需要放在"美食"版块,美发店需要放在"丽人或美发"版块一样,这也是酒店在OTA平台获得的最基础的流量。但通过签约合作把酒店放在"酒店频道"大版块的流量不足以支撑酒店获取更多的用户,或者不足以让更多的用户看到自家酒店,因此酒店就要想办法加深一些合作,以期待获得更好的排名、更多的曝光。这就出现了合作的深度不同,获取到的流量不同的情况。

比如携程的委托代理分销。委托代理分销又分为一级代理分销和二级代理分销,通俗来讲就是挂牌。携程的挂牌分为特牌、金牌,在前几年还有蓝牌、银牌、代理特牌等,根据合作程度的不同,获取到的排名就不同。

美团的皇冠分为金冠、银冠、黑金冠,黑金冠又分为黑金冠V1、黑金冠V2和黑金冠V3。根据酒店与美团平台合作程度的不同,平台给到酒店的流量政策和收益政策也就不同。

第2节 搜索流量

搜索流量,是指用户在OTA平台以搜索的方式选择一家酒店而给酒店带来的流量。

酒店的OTA平台运营,运营的就是用户的行为。用户在预订酒店的过程中,会有不同的行为路径,不同的行为路径会使呈现的结果千变万化。有一类用户,通常目标明确、思路清晰,知道自己要去哪儿、要订什么类型的酒店、酒店该有什么样的设施设备等,因此可以直接在对应的OTA平台用搜索的方式找到符合他需求的结果。

这种搜索行为可能会搜索酒店品牌、城市、目的地、商圈、地标、停车场、房型、特色、早餐等关键词,每一次用户进行搜索,都会呈现给用户符合关键词的酒店。而酒店要考虑的就是在用户搜索这些关键词的时候，自家酒店能出现在用户的搜索结果列表当中。只有酒店出现在用户的搜索结果列表当中，才意味着自家酒店获取到了对应的流量。

酒店列表页的筛选功能，也属于搜索流量的一部分，比如酒店的类型、价格、促销活动、评分、星级档次等。平台会通过大数据分析把用户使用最多、搜索最多的部分，通过快筛的方式呈现出来，方便用户快速找到自己所需要的酒店。

用户常常根据自身入住需求附加部分筛选条件，然后点击"筛选""智能排序""价格·星级""位置距离"等功能或通过快筛入口选择酒店。

一、"筛选"页面选择酒店

以美团平台为例，"筛选"页面包含了"热门筛选""酒店设施""床型早餐""住客点评""品牌连锁""权益促销""酒店周边""服务优选""支付方式""住客印象"等信息（如图2-1所示）。用户可根据需求来选择筛选条件，选择完成后点击查看，即可在列表页展示符合所选条件的酒店。如果酒店不满足用户的附加条件或酒店本身能满足用户需求但未优化相关信息，则无法出现在列表页。

图 2-1　OTA 平台"筛选"页面示例

二、"智能排序"页面选择酒店

以美团平台为例,"智能排序"页面包含了"直线距离近→远""好评优先""评价数多→少""低价优先""高价优先""欢迎度排序"等几种选择(如图2-2所示)。

例如,用户选择"好评优先"并查找酒店时,显示的列表页的酒店就会以用户评分由高到低进行排序,排序越靠前,曝光越多,流量越大,用户点击并且预订的可能性越大。因此酒店经营时,要努力提升软硬件水平,提升产品服务性价比,争取更多好评及更高评分。好评条数及分数的累积就是酒店财富的累积,这种累积很少因为人员的变动而减少。

图 2-2 OTA 平台"智能排序"页面示例

三、"价格·星级"页面选择酒店

"价格·星级"页面包含了价格区间选择、酒店星级选择（如图2-3所示），需要注意的是城市不同，价格区间也可能不同，具体以所在城市展示为准。

因为每个用户的消费能力不同，价格接受度也不尽相同，所以实际运营时，房型与房型的价格阶梯设置要合理，并尽可能多地覆盖可选价格区间，以获取更多流量。

例如，某位用户平时每日消费在300元以内，选择酒店时往往会选择图中"¥0-100""¥100-200"或"¥200-300"价格区间的酒店，如果你的酒店最低价格都在300元以上，那么用户筛选的时候就不会看到你的酒店，你的酒店也就流失了未覆盖价格区间的筛选流量。

图 2-3　OTA 平台"价格·星级"页面示例

四、"位置距离"页面选择酒店

"位置距离"页面一般包含"热门""景点""行政区""商业区""地铁线""机场车站""医院""大学"等信息（如图2-4所示），各平台及各城市展示内容有细微差别，以实时展示页面为准（如图2-5所示）。用户选择酒店时会根据自己想去的目的地选择对应的位置区域。这时就需要酒店通过优化酒店名称、简介、点评回复、酒店问答、SEO、SEM、房型等信息来占领更多入口，从而达到曝光在用户面前的目的。

图2-4 美团"位置距离"页面示例

图 2-5 携程"位置距离"页面示例

五、通过关键词搜索酒店

以上为通过OTA平台筛选或已经预设筛选条件的搜索页面的展示，但仍有部分用户在预订酒店行时，会通过关键词搜索来寻找所需酒店。在这种情况下，酒店名称就是最重要的一个关键词。酒店能否被用户的搜索行为选中，其在OTA平台的展示名称会起到至关重要的作用（如图2-6所示）。

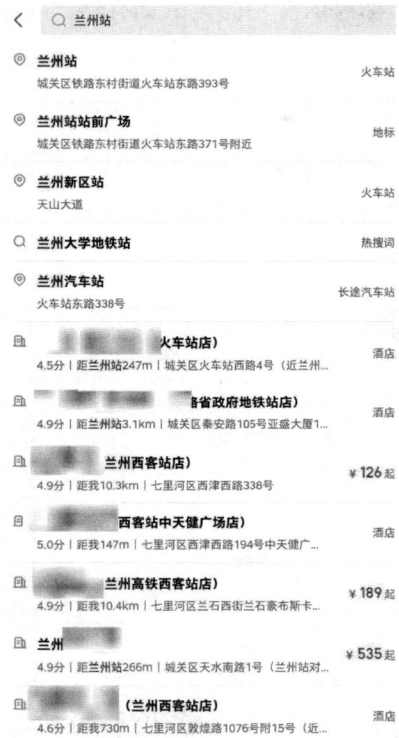

图 2-6　关键词搜索显示酒店名称示例

酒店在OTA平台上的名称，是为了在OTA平台获取更多流量而在酒店现有品牌名称的基础上增加关键词所形成的展示名称，而不是直接修改酒店现有的品牌名称或者对酒店现有的名字重新命名。酒店展示名称的命名原则是站在酒店OTA平台运营的角度上，从流量获取和转化率提升的两个维度对酒店在OTA平台上的名称进行优化。这个酒店展示名称可以跟线下的酒店名称有所区别。

例如，一家位于兰州、所属商圈为"西关十字"，房间类型为舒适型及以下的酒店，我们应该如何在平台命名酒店名称呢？

平台上该酒店名称可以使用的流量词有热门"西关十字"、商业区"西关十字/张掖路步行街"、景点"中山桥"、地铁线"西关"、行政区"城关区"、医院"兰州大学第二附属医院"等。这些流量词覆盖了热门、商圈、景点、地铁线路、行政区、医院周边等位置区域各条件，并且这些流量词所对应的实际位置均和该酒店相邻（如图2-7所示）。

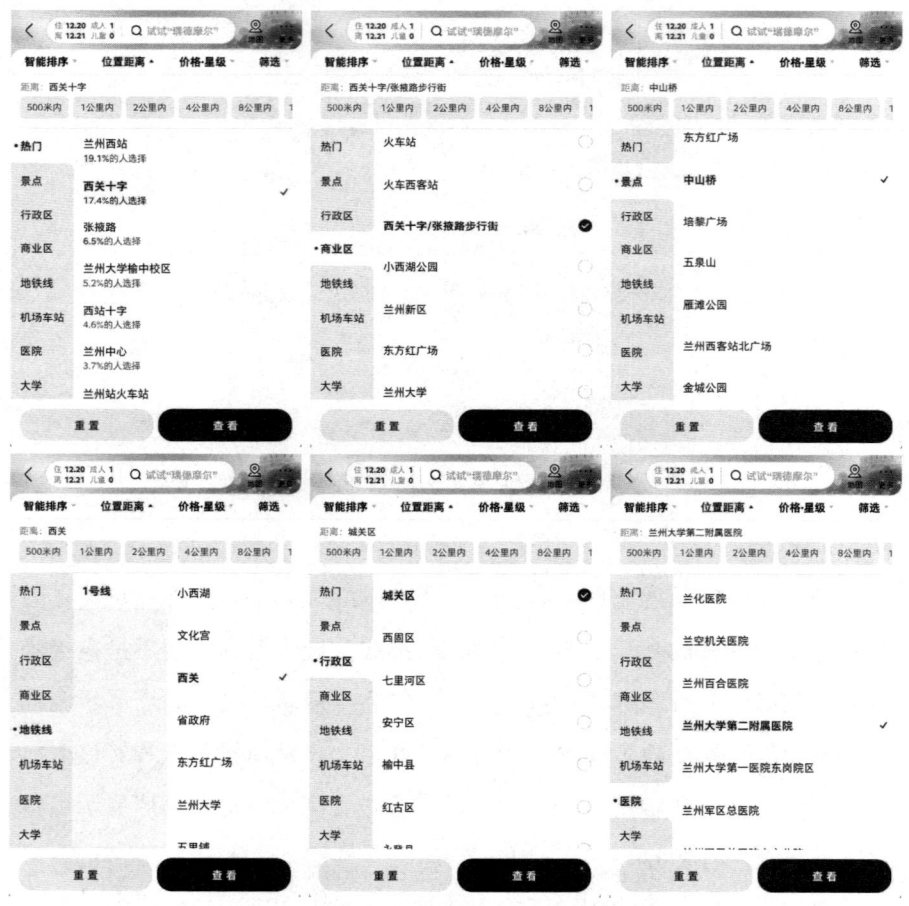

图2-7　兰州某酒店名称可选流量词

假设酒店经营者一味地追求流量，在名称上添加很多流量词，该酒店可能会被命名为"某某酒店（兰州西关十字张掖路步行街西关地铁站中山桥……店）"。虽然从地理位置上来说，这些流量词对应的位置均和酒店相邻，但从用户需求、视觉效果、客源匹配等方面来看都不是最优结果，最终将会影响酒店的转化率。

因此，酒店经营者在修改酒店名称时一定要懂得取舍。酒店的经营者肯定遇到过这样的情况，用户急匆匆地来办理入住手续，办理时还不时地抱怨："你们酒店名称上写的是某某店，结果到了那里发现还有这么远，这不是骗人吗？"因为存在这种情况，OTA平台也越来越严格地控制酒店无节制地给展示名称增加流量词的行为，从而避免用户体验降低。

总的来说，酒店名称命名要遵循以下六大原则。

原则1：流量和转化率兼顾。

在酒店数字化运营过程中，所有工作都是为流量和转化率服务的，对流量和转化率没有贡献的工作就要少做或者坚决不做，对流量和转化率有贡献的就多做或者努力做得更好。

不能一味地追求流量而忽略转化率，或一味地追求转化率而忽略流量。从理论上来讲，流量足够高的时候一定会带来较高的转化量，但转化率却可能很低。流量足够高的时候，如果转化率太低，那么平台可能会认为这家酒店的受欢迎度比较低，导致酒店在资源与流量的获取上受到影响。因此，酒店名称命名时一定要兼顾流量和转化率。

比如一家以商务客源为主的商务型酒店，为了获取有"亲子主题"需求的用户的流量，在酒店名称中加入"亲子主题"相关的流量词，使名称变成"某某商务亲子主题酒店"。这样虽然增加了"亲子主题"客源的流量，但是从"亲子主题"客源和商务客源的需求上来讲却并不利于转化。即便有一些"亲子主题"客源因为流量词进入了该酒店的详情页，也会因为酒店的实际情况和自己的需求不匹配而选择离开，同时酒店还会流失一部分商务客源，结果就会出现流量较高但转化率却较低的情况。

可见，并不是流量越高越好，而是要兼顾转化率和流量。

原则2：优先使用非商圈流量词。

假设一家酒店本身就在火车站商圈，此时还在酒店名称后缀里加"火车站"关键词，那就等于浪费了一个流量词。只要用户搜索"火车站"，酒店就会因为在火车站商圈而被推荐，因此不必在酒店名称后面加"火车站"关键词。这种情况下，给酒店名称后缀加流量词时，要优先使用非商圈流量词，如匹配本酒店客源需求的地标、商场、公园、景区、医院、高校等。

原则3：流量词并不是越多越好。

有些酒店为了提高流量，会在酒店名称后面无限制地添加流量词。实际上，酒店名称中的流量词并不是越多越好，一般以不超过两个流量词为宜。不超过两个流量词，主要是为了兼顾流量和转化率。添加过多的流量词，反而可能降低用户体验，影响酒店的转化率。

另外，从OTA平台运营情况来看，搜索流量对于酒店整体流量占比的贡献只是一部分，因此在为酒店名称命名选择流量词时要懂得取舍。

流量是无限的，在特定情况下并不是越多越好。

我们首先来对流量进行一个通俗的分类，即对酒店有好处的流量，就是正向的流量，是酒店需要的流量；对酒店没有好处的流量，就是负向的流量，或者是不需要的流量。

那具体来说，什么是正向的流量呢？就是在用户看到某家酒店的信息的时候，能够引导他预订这家酒店，最终给酒店带来订单的流量。

什么是负向的流量呢？就是当用户看到某家酒店的信息后，加深了对这家酒店的负面认知，甚至引起负面认知的传播，造成更大的负面影响的流量。

在某个城市有一家酒店，我们称其为A酒店。某天有一对夫妻预订了该酒店的一间房并且办理了入住。入住不到一个小时，丈夫就突发疾病，妻子虽然第一时间拨打了120，但最终丈夫还是抢救无效死亡。很快，这件事情受到了大家的热议。

于是，人们在百度等搜索引擎上搜索这个城市的名称时，显示出来的是"某某城市死人事件""某某城市A酒店死人事件""某某城市A酒店死人怎么回事"等词条。甚至一些当天入住这家酒店的用户还在美团、携程等OTA平台给出了这样的评价："还好中午就退房了，听说下午酒店就有人出现意外了，真是太可怕了。"

这样的事件和这样的流量，很有可能导致一家酒店直接倒闭。很显然，这样的流量，对酒店来讲就是负面的，是酒店不愿意传播的。

在2021年12月研究生考试前夕，在布局了考点的城市，有很多原本日常售卖价格为100～200元的酒店，在此期间价格涨到了700元，甚至1 000元。针对这种情况，一些城市出台了对应的监管政策，认定超出原本房价一倍以上的酒店属于哄抬物价，并对个别酒店进行了相应处罚。

可以确定的是，在研究生考试期间，这些考点城市的流量是极其大的，酒店对考生来讲是刚需，无非选哪家酒店的问题。因此，酒店涨价成了管理者的一个必然选项。

但想想看，如果被监管部门进行处罚，将对酒店造成多大的损失？无论是当时的营业额还是后续的口碑，都会受到巨大的负面影响。

如此看来，流量是越大越好吗？有些人可能会想，当在OTA平台上的流量足够大的时候，酒店是可以通过价格调整来改善转化率从而提高收益的。理论上貌似可行，但实际上是无法实现的。当酒店价格达到上一个星级档次的价格时，用户的想法是：花同样的钱，住星级更高的酒店。而且，当设置了最高涨价红线的时候，流量越大越好的想法就破灭了。

酒店在日常情况下，要尽可能追求高流量。当酒店所在城市或者商圈出现一房难求的情况时，比如重大展会、活动、节假日、考试等，酒店应该追求平稳的流量，也就是取消相关流量措施，保证当天有房可售。这样既不会达到涨价红线，又能保证后期酒店的排名。

原则4：依据客源及城市属性选择流量词。

假设酒店所在的城市是一个旅游城市并且酒店主要以旅游客源为主，在对该酒店命名时就要考虑用户可能关注的点，如中转便捷性，也就是酒店距离旅游景点、美食街、网红打卡地、必吃必逛目的地有多远等。这时，在酒店名称后缀加相应的流量词就会有更高的转化率。

原则5：接手的酒店名称命名视情况加原名。

这一项是针对一些有转让、承包、换牌等情况的酒店。

假设所接手的酒店之前只是一个有舒适型及以下房型的单体酒店，在酒店名称命名时不建议加后缀"原××酒店"。因为转手换主的单体酒店，大部分是做得不好或者有其他问题的酒店，这时加后缀"原××酒店"，对酒店很难起到提升转化率的作用。

如所接手的酒店原本是连锁品牌或者有一定档次酒店，可以视房间的升级改造情况而定。基本原则是，低配改高配不加"原××酒店"；高配改低配加"原××酒店"并过渡2~3个月，然后再视情况调整。

原则6：高档型及以上酒店命名，城市名称要前置。

如果酒店属于高档及以上的酒店，假设该酒店所在城市为兰州，那么可以命名为"兰州××酒店-××店""兰州××酒店·××店"或"兰州××酒店（××店）"，尽可能不使用"××酒店（兰州××店）"。前后者相比，不论从规范上还是用户视觉和交互上都会给人不一样的感觉。

第3节 促销流量

促销流量，是指酒店在OTA平台参加平台所推出的促销活动，进而占领OTA平台流量入口后获取的流量。参加促销活动是酒店在OTA平台获取流量的主要方式之一。酒店通过参加各类型的促销活动，可以在OTA平台上占领相应的流量入口并且获取对应活动的标签，不仅可以提升流量，还可以提升转化率。

携程、美团、飞猪等OTA平台的促销活动获取流量的逻辑基本是一致的，先了解其中一个平台，然后在其他OTA平台以相同逻辑进行对应操作即可。各平台促销活动的区别主要在于具体活动的参与规则、折扣设置、叠加规则等，下面以美团平台为例进行详解。

一、用户预订流程中的流量入口

当用户需要在美团上预订一家酒店的时候，首先要打开美团APP（如图2-8所示）。

可以看到，用户预订一家酒店时需要从"酒店民宿"频道选择进入。

用户选择"酒店民宿"频道后会进入一个查找页面（如图2-9所示）。

可以看到，用户点击进入"酒店民宿"频道后，查找酒店的入口就会变得非常丰富，所有可点击进入的模块都可能满足用户选择一家酒店的需求。在实际的酒店运营过程中，我们把这类可供用户点击进入选择一家酒店入口叫作酒店的流量入口，而这些流量入口大部分都是参加平台的相关活动获得的。对酒店而言，占领的入口越多，获得的曝光就越多，流量就越多，被预订的可能性就越大。

图 2-8　美团 APP 首页

图 2-9　美团 APP 查找页面

二、常见促销推广活动详解

首住折扣（门店新客立减）：这类活动是专门针对新客的一种优惠活动类型，为新客设定特有的价格优势，可以达到吸引新客的目的；适用于新开业、需要招揽新用户、扩展新客群的酒店；仅未入住过本门店房间的用户可享此优惠。

首住折扣生效规则：入住时间在活动时间内，订单全部间夜享受优惠，特殊不促销时间入住则整单不享受促销。

举例：活动时间为10—20号，用户下单时间是3号，在店时间为15—22号，因入住时间15号在活动期内，所以促销生效；特殊不促销日期为17—18号，如果用户在18号入住，则不享受促销优惠。

1.对于首住折扣，若用户订单的入住日期与首住折扣活动的活动日期有重合部分，则用户整个订单所有间夜均享受首住折扣；若用户订单入住日期不在活动日期内，则用户整个订单所有间夜均不享受首住折扣。

举例：商家设置了周一至周五参与活动，周六、周日不参与。若门店新客A的住离日期为周三至周一，则A的订单中的5个间夜均享受首住折扣；若门店新客B的住离日期为周六至周二，则B的订单中的3个间夜均不享受首住折扣。

2.若设置了不参与日期，用户在不参与日期内不会看到活动相关标签和提示，也无法参与该活动。

3.可享受折扣人群为酒店新客，历史上未在该酒店下过订单的用户即认定为门店的新客。

4.平台提供相应推广资源。

5.促销成本由酒店方承担。

天天特价：可让酒店保持低价优势，持续吸引流量以获得用户，适用于周边酒店较多，竞争较激烈的酒店，比如某酒店所在商圈内有很多酒店，就可以报名参加天天特价活动。

天天特价生效规则：用户在店时间与促销活动的有效时间重合的部分享受促销优惠。

举例：设置活动时间为10—20号，特殊不促销日期为12—13号，用户在3号下单，在店时间为9—16号，则10—11号与14—16号为促销生效时间。

1.天天特价的活动时间限定的是用户订单的在店时间，在店时间与活动时间重合部分的间夜可参与活动。

2.若为多间夜订单，立减或折扣方式为活动的每晚每间享受立减或折扣，实际以发单信息为准。

3.若设置了不参与日期，订单中在不参与日期的部分间夜不可享受优惠。

4.可享受折扣人群为全部用户，不设门槛。

5.平台提供相应推广资源。

6.促销成本由酒店方承担。

今夜特价（今夜甩卖）：16点开始生效，多用于吸引夜间客流，达到尾房变现、减少房源空置的目的，适用于夜间空房率较高或者16点以后预订高峰期已过的酒店。

今夜特价生效规则：活动时间内每天特定时间段活动可见，若入住时间在有效活动时间内，则入住首晚享受优惠。

举例：活动时间为10—20号，特殊不促销日期是12—13号，用户在11号下单，在店时间为11号—16号，则11号晚上为促销生效时间。

1.对于今夜特价，用户在设定的活动时间内可以看到且参与该活动，入住首晚享受优惠价，订单中其他间夜不享受优惠。

2.若设置了不参与日期，用户在不参与日期内不会看到活动相关标签和提示，也无法参与该活动。

3.可享受折扣人群为在活动时间内所有下单并入住的用户。

4.平台提供甩卖时间段推广资源。

5.促销成本由酒店方承担。

连住特惠：可以提前锁定库存，有效提升酒店间夜量及客单价，一般适用于偏好提前锁定部分库存，并且连住用户较多的酒店。

连住特惠生效规则：在店时间与促销时间重合时段的时长大于等于连住限制的最低时长。

举例：活动时间为10—20号，连住限制为最少3天，用户在店时间为9—16号，在店时间与活动时间的重合时段满足连住限制，则10—16号为促销生效时间。

1.对于连住特惠，用户订单的在店时间与活动时间有重合部分，且重合部分的连住间夜数大于或等于活动设定的最少连住天数，则重合部分的间夜可参与活动。

2.若为多间夜订单，立减或折扣方式为活动的每晚每间享受立减或折扣，实际以发单信息为准。

3.可享受折扣人群为满足上述条件的下单用户。

4.平台提供相应推广资源。

5.促销成本由酒店方承担。

早订多减：多用于提前预售，以达到锁定预订客群、减少客房空置风险的目的，适用于不同时段的售卖情况差异较大的酒店，比如旅游景区的酒店。

早订多减生效规则：下单时间距离入住时间大于等于早订限制的时

长，且在店时间与有效促销时间有重合，则重合时间段享受优惠。

举例：活动时间为10—20号，特殊不促销日期为12—13号，早订促销限制为5天，用户在3号下单，满足早订限制，在店时间为9—16号，则10—11号与14—16号为促销生效时间。

1.对于早订多减，用户订单的在店时间与活动时间有重合部分，且用户下单时间距离入住时间大于等于活动设定的最少提前预订天数，则重合部分的间夜可参与活动。

2.若为多间夜订单，立减或折扣方式为活动的每晚每间享受立减或折扣，实际以发单信息为准。

3.若设置了不参与日期，订单中在不参与日期的部分间夜不可享受优惠。

4.可享受折扣人群为满足上述条件的下单用户。

5.平台提供相应推广资源。

6.促销成本由酒店方承担。

以上首住折扣（门店新客立减）、天天特价、今夜特价（今夜甩卖）、连住特惠、早订多减等为常见的场景化促销推广活动形式。

三、常见促销推广活动设置误区

1.活动折扣无益于订单转化。如果门店所参加的促销活动优惠力度太小，缺乏竞争力，将会影响用户下单预订的欲望；如果门店所参加的促销活动优惠力度太大，虽然能获取到较多流量并促进订单转化，但可能影响酒店实际到手的收益。因此，酒店在参加促销活动时要优先考虑实际到手收益，并据此设置合适的优惠力度。

2.参加的活动流量获取受限。很多酒店参加活动的时候，只参加个别活动或参加了多个活动但只覆盖了个别房型，这样会导致无法占领其他活动的流量入口，最终影响酒店的流量获取。

3.早订多减、连住特惠等活动的优惠价格高于单间夜预订该房型的价格。一些酒店在设置全日房房型价格和早订多减、连住特惠等活动的价格时容易出现价格倒挂的情况，同房型早订多减、连住特惠后的价格高于酒店该房型当日价格，这将不利于订单的转化。

例如，某酒店大床房参加连住特惠活动后OTA平台显示连住两晚每晚为300元，但单间夜该房型价格仅为280元，甚至有用户因此投诉该酒店。有连住需求的用户会放弃通过连住的方式预订酒店，而转为在同一酒店预订两个订单，因为这样用户每个订单可以节省20元。

4.订单增长即减少活动参与。一些酒店商家通过运营发现酒店流量和订单增长超过了预期，就立刻减少或停止活动报名，从而导致一部分的流量入口被放弃，这将会不利于订单增长的持续，从而出现酒店流量和订单量不稳定的情况。如果遇到流量和订单量增长超过预期的情况，酒店可以通过优化价格体系和对应酒店实际入住率来平衡。

四、促销活动参与方法

1.全房型参与。酒店要尽可能让所有的房型都参加酒店所能接受的促销推广活动，避免出现用户因参加了某活动而进入酒店，但其需要预订的房型却不在活动范围内而无法享受折扣的情况，这种情况会导致潜在用户的流失。例如，某酒店参加了名为"国庆特惠"的活动，但仅覆盖了酒店的"豪华套房"房型，该活动获取了对应"国庆特惠"的流量入口，但用户通过"国庆特惠"流量入口进入酒店详情页预订时，发现自己需要的"标准大床房"并不能享受此次活动的优惠，用户就因此流失了。

2.场景化活动常态化。首住折扣（门店新客立减）、天天特价、今夜特价（今夜甩卖）、连住特惠、早订多减等促销推广活动都属于场景化活动，每个活动针对不同需求的用户，无论是从流量入口还是客源转化考虑，要将这种活动常态化。

3.相同折扣解决价格差。在参加首住折扣（门店新客立减）、天天特价、今夜特价（今夜甩卖）、连住特惠、早订多减等促销推广活动的时候，酒店要尽可能地保证以上促销推广活动都是同一个折扣从而避免不同用户看到不同的价格，除非相应活动有对应要求。例如，酒店参加了首住折扣（门店新客立减）活动并且设置折扣为8折，同时参加天天特价活动并设置折扣为8.5折，这时酒店的老用户看到的能享受的活动是天天特价8.5折促销推广活动，而之前未在酒店入住过的新用户看到的能享受的活动是首住折扣（门店新客立减）8折，两类用户的实际支付价格就会产生价差，用户会不可避免地产生"大数据杀熟"的想法，从而导致酒店的预订转化率降低、收益下降。

4.守住折扣底线。不要为了参加活动而参加活动，不要为了获取流量而损失酒店的实际收益，要守住折扣底线，保证相关房型到手的实际收益。通常OTA平台为了丰富活动内容会发布各类型的针对不同季节、不同客源的活动，这些活动的参与条件和折扣类型也极其丰富，甚至会出现一些1折、2折的活动。对于这些花样百出的活动，酒店要首先关注参与某个促销推广活动后实际到手的收益，守住折扣底线。

另外，平台推出的不同促销推广活动的规则不同，可能出现活动折扣互相叠加的情况，作为运营者要非常重视，否则出现折上折的情况同样会导致酒店收益受损。

5.关注场景人群，根据目标客群选择活动。在报名参加促销推广活动的时候，酒店要尽可能地参加符合酒店客源和场景的活动，以便更精准地锁定对应的客源。例如，亲子酒店要参与针对亲子推出的促销推广活动，商旅酒店就要关注商务和旅游的客群的促销推广活动。有针对性地参与，才能更有效地提升转化率。

6.平台主推活动优先参与。在OTA平台促销推广版块，平台会根据不同时段、不同季节、不同客源推出各类型促销推广活动，酒店在OTA运营时如果无法判断哪些促销推广活动带来的流量较大，那就以平台当下主推的活动为主，通常平台当下主推的促销推广活动即是当前流量最大的促销推广活动，获取的曝光更多，被用户看到的概率也就更大。

综上所述，参加促销推广活动要全房型参与、场景化活动常态化、相同折扣解决价差、守住折扣底线、盯住目标客群、主推活动优先。

通常促销推广活动的折扣设置方法为：

首住折扣、天天特价及其他类型活动同折扣；

连住特惠、早订多减、多间立减等促销推广活动小于等于首住折扣、天天特价折扣；

时效性促销推广活动，如限时特惠、今夜特价（今夜甩卖）、午夜房等活动，视酒店当日入住情况而定。

五、促销推广活动常见问题释疑

1.直接降价好还是参加活动好？两者有什么区别？

商家参加活动时，既可以达到降价促销的目的，还能获取平台提供的曝光和流量，显然是参加活动更好。

2.参加了某项活动，但是活动标签没有显示，是什么原因？

这是因为不同的活动对应不同的标签，不同标签的展示优先级不同，呈现的结果可能就不一样；或者促销推广活动设置的折扣与其他活动相比无明显优势，平台限制了该活动标签的呈现。

3.参加了多个活动，用户如何享受优惠？

用户能够享受的优惠折扣，要与用户的账号等级、是否有已经领取但尚未使用的折扣券等进行匹配，用户可享受与他账号级别对应的优惠力度最大的那个促销推广活动。

第4节　工具流量

工具流量，是指酒店上线OTA平台后因流量缺乏，使用付费方式提升酒店在OTA平台的流量的方法。

在优化酒店的合作流量、搜索流量、促销流量等流量之外，如果酒店流量仍有提升空间，就可以使用平台为酒店准备的对应的付费广告工具，例如携程的金字塔，美团的推广通，以及闲置房置换等，来提升酒店在OTA平台的流量。付费广告工具必然会一直存在，但OTA平台可能会不定期对相关工具进行优化或调整，因此付费广告工具的使用细节，以平台实时展示的规则为准。

一、携程金字塔

金字塔广告是通过在酒店列表页和推荐场景中的特定位置展示某酒店，从而帮助该酒店提升流量的付费广告工具。

携程及其旗下OTA平台的金字塔广告位如下。

1.携程旅行：酒店搜索列表页的第1、6、11等位置。

2.同城旅行：酒店搜索列表页的第1、2、4等位置。

3.去哪儿旅行：酒店搜索列表页的第4、9、14等位置。

4.智行APP：酒店搜索列表页的第3、8、13等位置。

5.携程商旅：酒店搜索列表页的第1、6、11等位置。

这类金字塔广告位的特点是支持一键智能投放，可以享受多平台多渠道曝光，从而实现酒店流量及转化率的提升（如图2-10所示）。

携程金字塔各项指标名词解释如下。

1.总花费：广告实际点击产生的花费总金额。计算方式：每次广告点击实际费用累加之和。

图 2-10　携程金字塔列表页广告示例

2.现金：广告实际点击产生的现金花费金额。计算方式：每次广告点击实际现金费用累加之和。

3.红包：广告实际点击产生的红包花费金额。计算方式：每次广告点击实际红包费用累加之和。

4.点击均价：总花费÷广告点击次数。

5.曝光：广告展示给用户的次数。计算方式：平台判定有效的展示次数。包含渠道：携程旅行、携程商旅、Trip.com、同程旅行、去哪儿旅行、智行（因ebk数据中心仅统计携程APP流量数据，可能出现广告曝光量大于ebk数据中心曝光量的情况）。

6.点击：用户实际点击广告的次数。计算方式：经平台判定有效的点击次数（去除恶意点击等行为）。包含渠道：携程旅行、携程商旅、Trip.com、同程旅行、去哪儿旅行、智行（因ebk数据中心仅统计携程APP流量数据，可能出现广告点击量大于ebk数据中心浏览量的情况）。

7.点击率：点击次数÷曝光次数×100%。

8.预订订单：用户点击广告进入过门店详情页后72小时内产生预订订单的数量，含取消单。72小时的订单归因周期基于平台用户从浏览至下单的决策周期长度测算。计算方式：包含携程旅行、携程商旅、Trip.com、同程旅行、去哪儿旅行、智行等多渠道，及直采、代理、直连等多类型的订单（因ebk订单中心不展示代理订单，可能出现广告订单量大于ebk数据中心预订订单量的情况）。

9.预订金额：用户点击广告进入过门店详情页后72小时内产生预订订单的商家卖价总金额，含取消单预订金额。计算方式：包含携程旅行、携程商旅、Trip.com、同程旅行、去哪儿旅行、智行等多渠道，及直采、代理、直连等多类型的订单金额（因ebk订单中心不展示代理订单，可能出现广告预订金额大于ebk数据中心销售额的情况）。

10.预订间夜：用户点击广告进入过门店详情页后72小时内产生预订间夜的数量，含取消单间夜量。计算方式：包含携程旅行、携程商旅、Trip.com、同程旅行、去哪儿旅行、智行等多渠道，及直采、代理、直连等多类型的订单间夜（因ebk订单中心不展示代理订单，可能出现广告间夜量大于ebk数据中心间夜量的情况）。

11.转化率：预订订单数÷点击数×100%。

以上各项指标更新频率以对应OTA平台的实时规则为准（如图2-11和图2-12所示）。

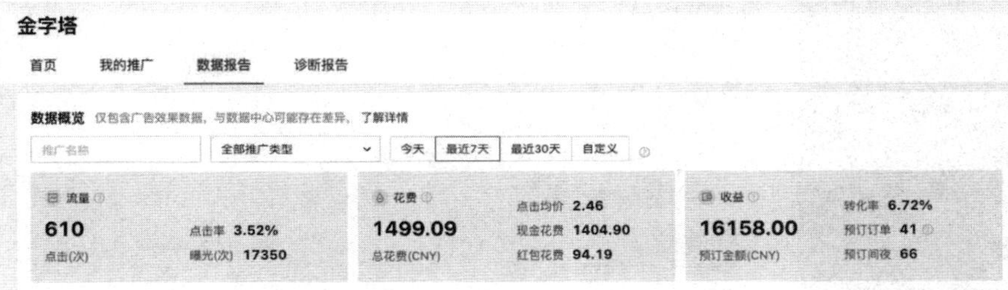

图 2-11　某酒店金字塔广告数据示例

数据明细　　下载明细

	曝光量	点击量	点击率	总花费	现金花费	红包花费	点击均价	转化率	预订订单	预订间夜	预订金额
-06-16	2366	115	4.86%	294.81	294.81	0	2.56	6.96%	8	13	3164.00
-06-17	2252	73	3.24%	193.07	193.07	0	2.64	2.74%	2	3	533.00
-06-18	2312	63	2.72%	174.32	174.32	0	2.77	7.94%	5	10	1977.00
-06-19	3214	88	2.74%	233.77	233.77	0	2.66	5.68%	5	5	1060.00
-06-20	3264	106	3.25%	279.14	279.14	0	2.63	12.26%	13	20	4785.00
-06-21	2090	86	4.11%	167.19	151.28	15.91	1.94	8.14%	7	14	4138.00
-06-22	1852	79	4.27%	156.79	78.51	78.28	1.98	1.27%	1	1	501.00

图 2-12　某酒店金字塔广告数据明细示例

对于携程金字塔的使用，酒店可以在后台直接进行智能投放或定向投放，也可以根据自己的需求按照关键词、商圈、时间段、高峰期进行投放（如图2-13和图2-14所示）。

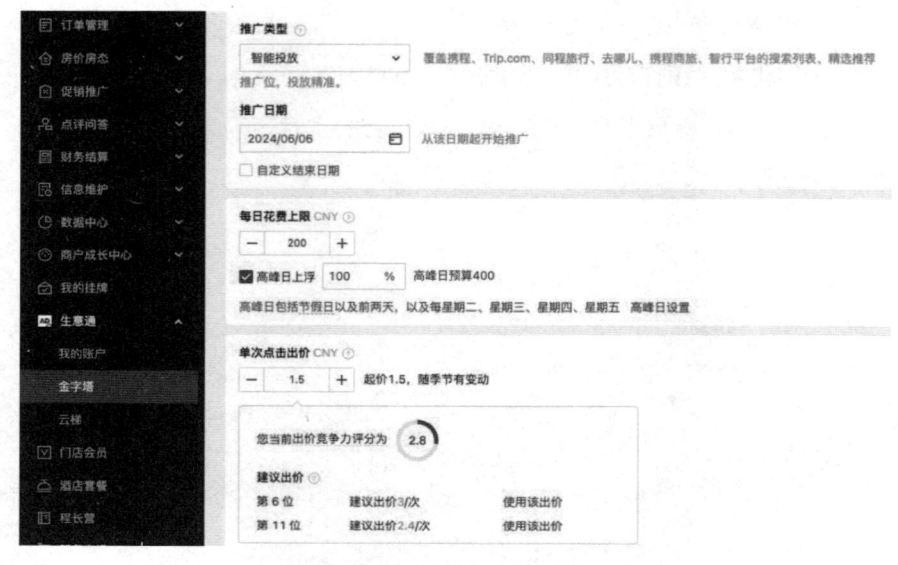

图 2-13　携程金字塔广告设置示例

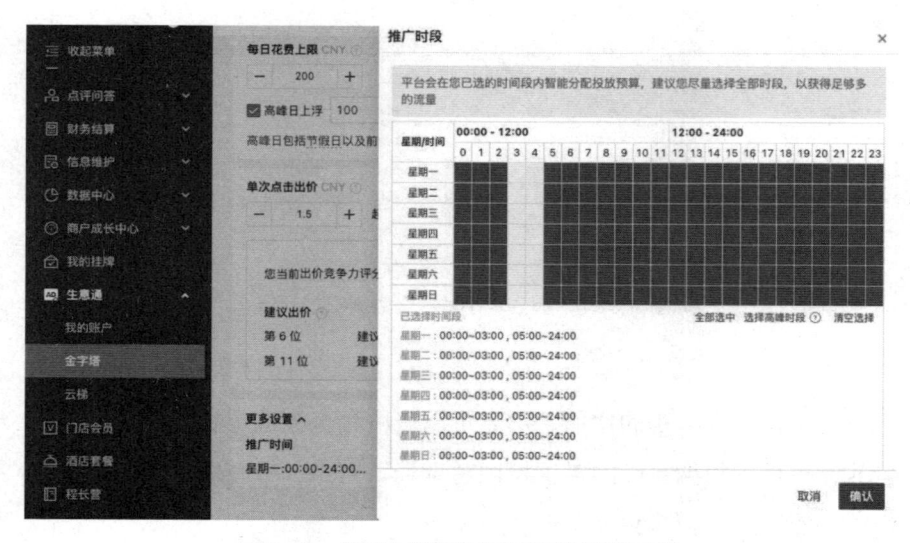

图 2-14　携程金字塔广告推广时间设置示例

二、美团推广通

推广通是帮助酒店快速提升搜索排序，增加客流曝光的付费广告工具。酒店在排名偏低时，使用推广通能快速帮助酒店提升排名和曝光量，提前锁定客源，从而提升酒店收益。

美团APP推广通广告位：第3、8、13、18、23、28、33、38等位置（如图2-15所示）。

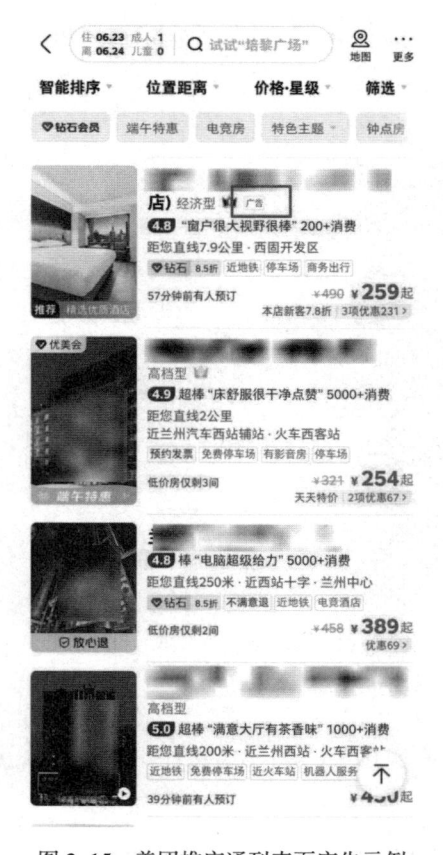

图 2-15 美团推广通列表页广告示例

美团推广通的数据看板有多项指标，还可以自定义展示（如图2-16和图2-17所示）。

图 2-16　美团推广通数据看板示例

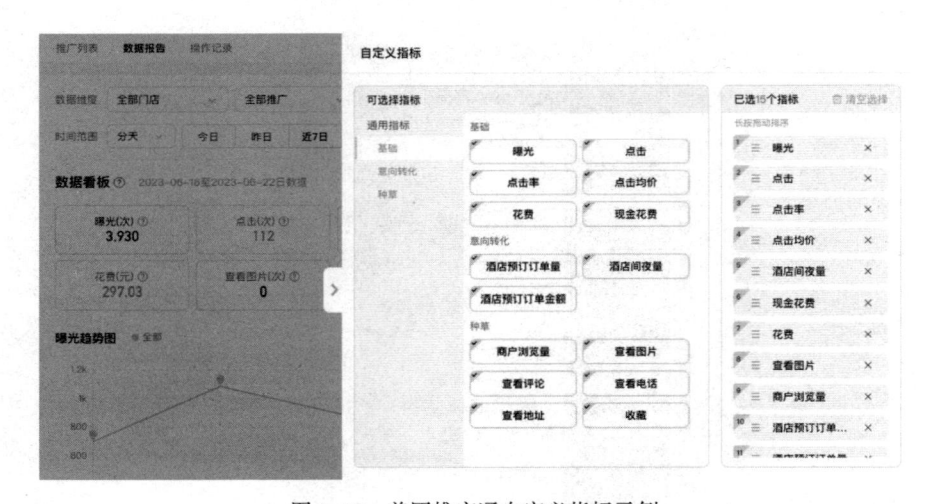

图 2-17　美团推广通自定义指标示例

1.曝光：广告展现在美团和大众点评用户端后，实际被用户看到的次数。

2.点击：广告展现在美团和大众点评用户端后，实际被用户看到并且点击的次数；去除作弊的点击、销售的点击等。

3.点击率：点击率＝点击次数÷曝光次数。

4.点击均价：点击均价＝花费÷点击，表示每一次广告点击（含关键词定向）的平均价格。

5.酒店预订订单量：用户点击广告进入门店详情页后成功下单并支付的订单数量。

6.酒店间夜量：用户点击广告进入门店详情页后成功下单并支付的订单中，入住天数乘入住房间数量的总计间夜数量。

7.酒店预订订单金额：用户点击广告进入门店详情页后成功下单并支付的订单金额总和。

8.现金花费：广告实际花的现金，不包含红包。

9.花费：广告总花费，包括现金、红包和抵用券优惠。

10.商户浏览量：用户点击广告后，浏览门店详情页、团购详情页的次数之和。一段时间内，同一用户多次点击广告时，广告点击次数计算一次，浏览量计算多次。

11.查看评论：用户点击广告后，进入门店详情页、团购详情页、丽人的手艺人详情页，点击查看网友点评信息的总次数。同一用户在同一日多次点击查看网友点评信息，数据计算多次。

12.查看图片：用户点击广告后，进入门店详情页、团购详情页，点击查看图片的总次数，包含门店图片、网友相册、官方相册、视频、评论中的图片等。同一用户在同一日多次点击查看图片，数据计算多次。

13.查看电话：用户点击广告后，进入门店详情页、团购详情页，点击商户电话的总次数，仅针对用户点击电话按钮的行为，与用户是否拨通商户电话无关。同一用户在同一日多次点击商户电话，数据计算多次。

14.查看地址：用户点击广告后，进入门店详情页、团购详情页，点击门店地址进入地图查看门店位置的总次数。同一用户在同一日多次点击门店地址，数据计算多次。

15.收藏：用户点击广告后，进入门店详情页、团购详情页、丽人的手艺人详情页，点击收藏按钮的总次数。同一用在同一日多次收藏商户页面，数据计算多次。

16.账户余额：账户余额包括现金余额和红包余额。

17.现金余额：商户通过充值获得的账户金额，展示在现金余额中，充值方式包括支付宝、微信等。

18.红包余额：商户通过参与美团或大众点评的促销活动获得的红包奖励，展示在红包余额中。

19.今日预算：商户推广每天所花费的最高限额，日预算金额修改后实时生效，每天最多修改3次。

20.门店推广：商户为想要推广的门店创建的推广，可选择推广时段、想要推广的门店、展示图片、每日花费上限等推广信息。

21.单次点击出价：门店推广展示位置被点击一次，商家愿意出的价格。

以上各项指标更新频率以对应OTA平台的实时规则为准。

对于美团推广通使用，酒店可以在后台直接进行智能投放，也可以根据自己需求按照关键词、商圈、时间段、高峰期进行投放（如图2-18和图2-19所示）。

图 2-18 美团推广通设置示例

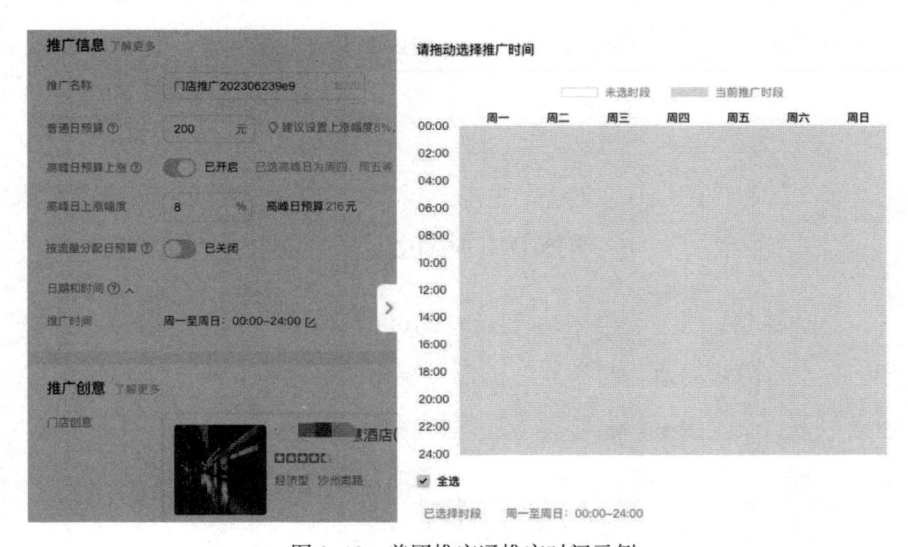

图 2-19 美团推广通推广时间示例

三、闲置房置换

闲置房置换是指酒店与平台达成协议,用尚未售出的客房置换付费广告的一种工具。酒店用置换来的金额在对应OTA平台进行推广,OTA平台把置换来的房间在平台售卖,以获取利润替代原本的广告费用。

第一,酒店入住率低于预期,或者淡旺季差别明显,淡季空置房间较多。

当酒店入住率低于预期,无法满足酒店收益要求时,酒店可把部分空置的房间置换成酒店可使用的推广资源,以提升酒店的订单量。

第二,酒店现金流紧张。

当酒店入住率低或者盈利能力相对较弱的时候,现金流可能会比较紧张。酒店要支付租金,要支付员工工资,无法抽出额外资金做推广,那么就可以用闲置房置换付费广告位,提升酒店的排名,从而获取更多的流量,最终转化为更多的订单,提升酒店的综合收益。

第5节 站外流量

站外流量,是指酒店在主要运营的OTA平台以外,通过投放短视频、软文等方式给酒店吸引来的流量。例如,通过微信朋友圈、微博、搜索引擎、小红书、抖音等渠道获得的流量都属于站外流量。抖音已经上线了酒店日历房功能,已经成为一些酒店获客的主要平台。

酒店该如何做吸引站外流量并提升酒店的曝光度呢?可以通过注册一些自媒体账号,比如百家号、搜狐号、头条号、企鹅号、小红书、抖音、快手等,持续性发布一些关于酒店的文章或短视频,达到曝光的目的。

例如，我曾在部分平台为"丝绸之路酒店节"做了站外流量的布局和推广，可以在这些平台通过搜索"常君臣""兰州多米诺""丝绸之路酒店节""丝绸之路酒店高管实战班""扶程计划""赢锁认证"等关键词，找到大量对应内容，并且酒店节有一部分培训、顾问业务来自上述内容的布局。因此，站外流量的效果是长期可持续的，而非即时性的。大量视频、图文等内容不断积累，就会形成质变。

第三章

酒店房型名称设计

酒店房型信息对酒店的流量和转化率都有非常重要的影响，尤其是酒店房型名称的设计，既要符合酒店的实际情况，又要在文字上能够与用户产生互动，以提升酒店的转化率。

但是，酒店房型名称并不是运营人员想怎么设计就怎么设计的，必须要遵循一定的原则。本章将主要介绍酒店房型名称设计的方法原则，帮助读者提升酒店的流量和转化率。

第1节　房型名称设计的重要性

OTA运营，运营的就是用户行为。既然是运营用户行为，那我们就要知道，从用户产生预订需求后拿起手机选择平台，到成功预订一个他所需要的房型，这期间用户会做出哪些行为。

假设一个场景，用户在某OTA平台上预订酒店，他先通过"酒店民宿"频道进入了列表页，在看到某家酒店后进入了该酒店的详情页。随后在详情页中，用户最终预订了他所需要的某个房型。这一整个流程中，哪一个信息是用户不可能绕过去的？是图片吗？是点评吗？有人说是点评，因为他自己是一个爱看点评的人，所以在预订酒店的时候一定会看点评；有人说是图片，因为他觉得图片太重要了，他可以通过图片了解到这个酒店的一些实际情况。无论是图片还是点评，在用户成功预订一间他所需要的房型的过程中，都不是100%会被关注到的，或许被关注到的可能性确实很高，但不是100%。有没有一个信息是用户必须要看的呢？有，它就是房型名称，因为用户只有通过点击房型名称这一步骤，才能进入预订的提交页面，并最终预订成功。

很多酒店的OTA运营者往往忽略了酒店房型名称的设计，还有相当多的酒店使用的名称是房型A、房型B、大床房、双床房。这种类型的房型名称本身没有错，但是我们要知道，在整个酒店OTA运营的过程当中，我们需要解决的是哪两个问题？是流量和转化率。既然是流量和转化率，那我们就要思考房型名称能不能给自家酒店带来更高的流量和转化率。在OTA平台运营上的这些工作，只有为流量和转化率服务，才是有意义的，才是有效的。既然房型名称是用户预订流程中必然注意到的一项信息，它的好坏对于提高流量和转化率的就尤为重要了。

第2节　酒店房型名称设计原则

如何设计既能为酒店带来流量又能提升转化率的房型名称呢？

当我们看到山、海、湖、亲子、小黄鸭、奥特曼、儿童帐篷、智能客控等文字的时候，脑海中会呈现出怎样的画面？酒店房型名称的设计就是要让用户本能地在脑海中呈现这些画面，让用户可以想象到他将要入住的那个房间的样子，从而达到转化的作用。

一般来说，把代表酒店亮点的词语列出来后，房型名称就大致设计出来了，比如普通静谧双床房、标准亲子大床房、商务智能双床房、豪华海景零压房等。但具体来说，酒店房型名称的设计是有以下这些必须要遵循的原则的。

一、等级档次差异化原则

在设计酒店房型的时候,要注意等级档次的差异化,要用文字让用户感觉到酒店的房型是有区别的。比如高级大床房、标准单人间、商务双床房、豪华大床房等,用户从房型名称上很容易就可以区分出房型的等级档次(如图3-1所示)。

图 3-1 房型名称等级档次差异化示例

通常等级档次的区分方法有三种:

1.价格区分。比如大床房A、大床房B这样的名称,如果价格一样,看了这两个房型,用户能知道哪个房型好,哪个房型不好吗?很难进行区分。如果用大床房A180元、大床房B220元这样的名称，用户就能很容易判断出来，并认为大床房B应该是相对比较好的房型。

2.名称区分。常见的有标准大床房、高级大床房、豪华大床房、标准双人间、高级双人间、豪华双人间，从它们的名称就知道，豪华的肯定比标准的要好，但豪华的和高级的究竟哪个好，可能每个人的理解又不一样了。

3.价格加名称区分。当用户看到房型名称的时候，就已经做了初步的区分，然后看到价格的时候就彻底区分开了。价格加名称区分是常用的区分方法，也是比较建议使用的区分方法。

例如，根据价格由低到高，把房型命名为特价大床房、雅致大床房、高级大床房（如图3-2所示）。

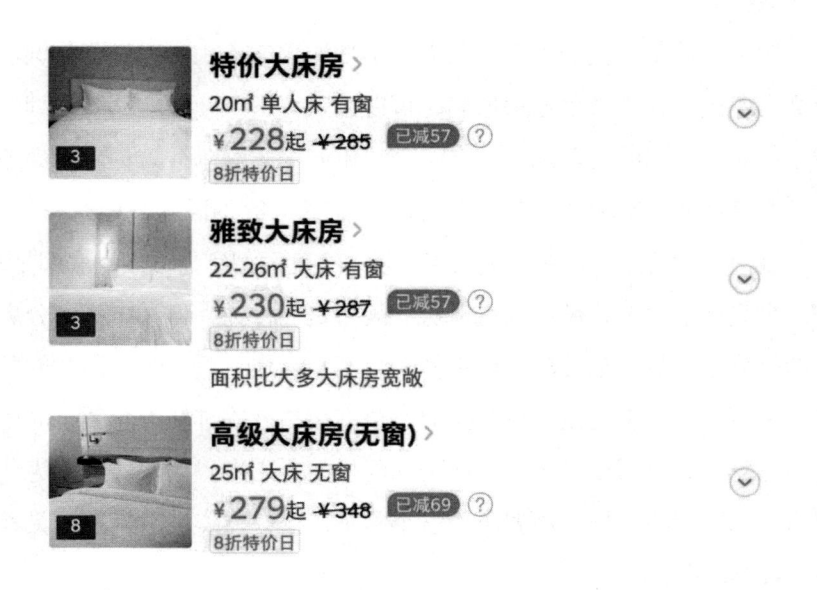

图3-2 价格和名称区分等级档次示例

二、名称用词场景化原则

房型名称的用词要追求场景化，尽可能让用户看到房型名称的时候就能够联想到房间的场景特点，从而提升酒店的转化率。

比如，酒店的房间里面配备有空气净化器或一些智能设备，房型名称中就可以使用"清新""智能"等词语；房间里有温泉汤池，房型名称中就可以有"私汤""泡池"等词语；房间在江边或者海边，房型名称中就可以用"江景""海景"等词语。

对于房型名称用词场景化的运用，有以下几点策略可供参考。

第一，突出酒店房间的特点。比如，房间带有小花园，就可以在房型名称上体现"花园"或者"私人空间"。

第二，借鉴其他酒店的房型名称设计，然后根据自己酒店的特色做一些调整。

第三，明确房间准备销售给哪种类型的顾客，用对应客源的词汇进行命名。比如，古风主题房取名时可以加入"古风""诗词"等词语；亲子主题房命名时可以加入"亲子""旅游""玩乐"等词语；商务主题房取名时可以加入"商务""办公""安静"等词语。

我之前运营过一家四星级酒店，是一个度假型别墅酒店，房间是240间。在我接手之前，酒店的大床房的规格是一样的，但其中一部分房间有两个凳子，另一部分房间没有凳子，用户入住之后，经常因此问题而进行投诉。因为房间是随机安排的，很多用户被安排在没有凳子的房间就会不舒服，会质疑一起预订的两间同样的大床房，别人的房间为什么跟自己的配置不一样？不要小看这个凳子，这一点点细节，很容易就会导致投诉的产生。

我当时把这些房间重新做了拆分，设计成了两个房型，分别是普通大床房和商务大床房。两个房型区分以后，普通大床房还是卖原来的价格，而商务大床房的价格提升了30块钱。原来规格一样的大床房在没有任何新的软硬件投入的情况下，仅仅改了一下房型名称，就涨了30块钱，并且平时销售得非常不错。这其中的关键就是有了明确的目标用户，也就是商务类型的用户。

那具体来说，应该如何设计场景化的酒店房型名称呢？

下表是我在做房型名称设计时的一个极简的方法，也叫"房型名称设计连连看"（如表3-1所示）。

表3-1 房型名称设计连连看

级别定位	场景转化词	床型	床型属性
商务	私汤	大床	房
阳光	静谧	双床	间
普通	负离子	圆床	套房
标准	清新	水床	舱
高级	亲子	单人	别墅
豪华	智能	双人	公寓
雅致	海景	多人	系
安眠	棋牌	多人	床
优选	轰趴	拼床	
神秘	雪景	零压	

酒店运营者只需要按照"级别定位＋场景转化词＋床型＋床型属性"的命名公式，对表中不同词语进行"连连看"，即可完成房型名称命名，例如高级清新大床房、雅致海景双床房、优选雪景水床房等。

如果平时没有积累太多场景化的词汇，我有一个比较好的方法可供尝试：在OTA平台上搜索各个城市对应类型的酒店，统计排名前几十的酒店的房型名称的命名用词，然后与自家酒店的设施设备、特点等匹配，找出最合适的词语用到自家酒店的房型名称里面。

以下列举一些各类型酒店房型名称命名常用词以供参考。

级别定位词：标准、舒适、豪华、高级、品质、精品、经典、时尚、简约、特惠、特价、轻奢、雅奢、奢华、奢享、优选、优享、尊享、臻品、珍品、精选、甄选、臻选、至尊……

场景转化词：温馨、浪漫、观景、静谧、行政、商务、负离子、富氧、云端、山景、湖景、河景、雪景、私汤、温泉、主题、田园、伯爵、星空、花园、欢朋、禅语、印象、园景、清新、古风、复式、美宿、唯美、私享、安眠、阳光、雅致、静享、乐享、清雅、淡雅、优雅、素雅、智雅、风雅、高雅、典雅、格调、卓越、时光、花语、风情、飘窗、阁楼、露台、阳台、全景、270°、360°、湖畔、蜜月、亲子、国风、古韵、投影……

三、房型功能多元化原则

房型名称一般需要与房型功能相匹配，而房型功能的多元化就是要让相关房型的功能可变化、多变化，比如大床变双床、双床变大床、大床变亲子、亲子变大床、亲子变双床等。

在酒店的实际运营中，起初设计的各种房型的数量和占比往往需要根据后期运营进行一些调整。如果不进行这些调整，就会造成一些客源的流失，或者出现一些房型热卖而另一些房型无人问津、经常空置的情况。如果做到了房型功能的多元化，就可以很好地解决类似的问题。

例如，某个房间里有两张1.2米宽的床，中间不放床头柜，当有顾客需要大床房而实际的大床房不够的时候，就可以把两张1.2米宽的床拼在一起变成一张大床，从而满足顾客的需要，提升酒店的入住率和收益。在设计这类房型的时候，要尽可能地减少工作人员的工作量，房型之间的切换一定要便捷，床头造型也需要在拼床后不违和，否则就会显得不伦不类。

有一家坐落在旅游景区的酒店，在经营过程中发现亲子房的需求量非常大，于是经营者在30多间大床房中添加了一张1.2米宽的小床，把这些大床房变成了亲子房。大床房在旺季的时候售价是360元，添加小床并把房型名称改为亲子房之后，售价提高到了420元。这就是通过房型功能多元化设计提高酒店收益的经典案例。

四、服务展示多样化原则

很多酒店经营者都想把自己酒店的各项服务写到房型名称里面，这样看似服务很丰富，但不仅用户交互不好，甚至用户在酒店办理入住的时候都很难讲清楚自己订的是什么房型。

因此，在房型名称中展示酒店服务信息时，首先不能违反房型命名的规定；其次要精简文字，考虑用户交互的便利；最后，多样化服务尽可能以礼包形式上线（如图3-3所示）。这时，酒店接送机服务已经以礼包形式上线了，就可以去掉房型名称后面的接送机等信息了。

图 3-3　多样化服务礼包形式示例

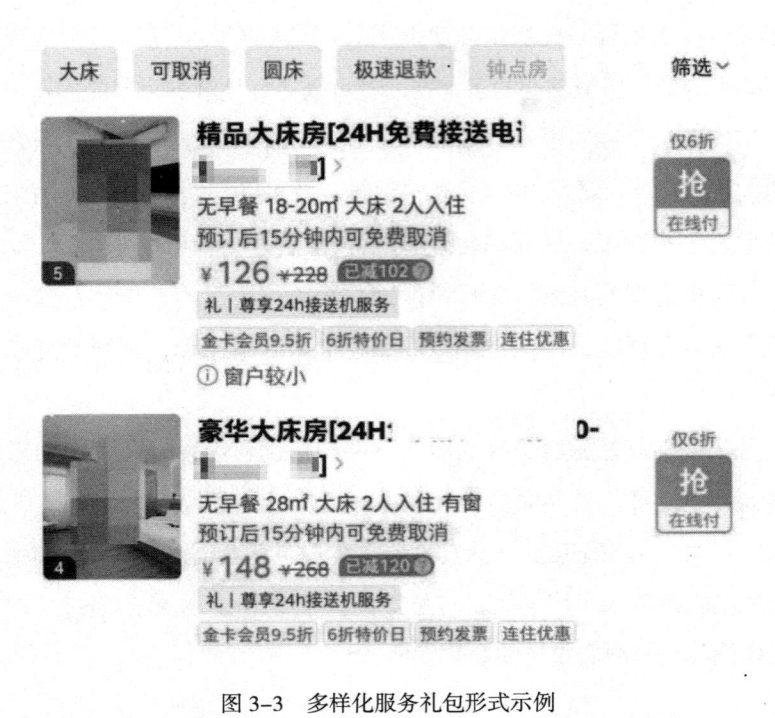

五、价格设置合理化原则

房型名称还要与房型价格相匹配。那如何给酒店的房间定价呢？

第一，参照酒店所在商圈的其他竞争对手的同类房间的定价，制定一个合理价格。

第二，对比以往销售数据。遇到一些不可抗力事件时，就要参照其他的酒店，或者参照整体的入住率进行定价。

第三，设置一个回本周期，反推酒店价格设定。比如设置回本周期为3年或者4年，然后按照回本周期反推入住率达到多少、房间价格设定多少才能实现3年或者4年回本。

相对来说，这三种方式中我更偏向于第三种，因为三流高手看竞争对手，二流高手看数据，一流高手看自己。这是我对价格整体把控的一个原则，即越厉害的高手越关注自己。价格设置的合理化听起来简单，实际上很难。

具体如何设置酒店价格体系，请查看第六章酒店收益管理。

六、房型数量精致化

酒店每多一个房型，就要多一个对应的房型名称，因此房型数量也会影响房型名称的设计。我曾接触过一个业主朋友，他装修了一家主题酒店，酒店中的每个房型设计各不相同，在OTA平台上线了60多个房型，但用户点进去之后都不知道如何选择。可见，房型不是越多越好，一定要注意保持酒店房型数量的精致化。

第一，最少设置5个房型。即使房间数量少，也要从外部环境、房间朝向、房内设施等方面寻找差异。如果酒店的房型太少，没有选择空间，会影响转化率。

第二，房间数量在80间以内的酒店一般设计6~10个房型比较合适。

第三，最多不要超过15个房型，并且每个房型的主名称不要太长。如果房型装修风格非常多样，就要进行相应的合并，否则既不利于用户选择，也会给员工工作造成非常大的困扰。

为了便于理解，我这里讲几个案例，它们都是我以前参与酒店运营工作时，根据酒店的实际情况亲自设计的比较典型的案例。

有一家酒店坐落在一个旅游城市，距离海边大概有200多米，是一家公寓酒店，房间总数量是八间。这家酒店非常有特色，每间房的装修设计都不一样，门牌号也不是一般酒店常用的数字号码，而是用房间设计元素命名的。

老板是一个非常有情怀的人，也是一个非常懂设计的人，而且特别热爱我们国家的传统文化。他把这八间房分别用琴、棋、书、画、诗、酒、花、茶命名。具体如下：

琴·凤求凰亲海阳光智能套房；

棋·局中迷海景智能亲子双床房；

书·翰墨生香临海亲子双床房；

画·丹青妙笔临海亲子双床房；

诗·古风雅韵亲海智能双床房；

酒·醉翁闲居临海智能套房；

花·暗香疏影亲海智能大床房；

茶·草木香茗亲海智能大床房。

这样的房型名称怎么样？是不是特别有诗情画意？我第一次听到这个酒店的房型名称的时候，也被深深地吸引了，因为这太有场景感了，太美了。但是从运营的角度上看，这样的房型名称又让老板苦不堪言，我们一起分析一下原因。

首先看这个酒店房型的特点：第一，酒店实际只有八间房，数量偏少；第二，酒店的每间房的设计都不一样，设计风格与房型名称前面的字"琴、棋、书、画、诗、酒、花、茶"相对应。

熟悉OTA运营的人可能已经想到了。该酒店的实际情况是，用户在OTA平台每预订一间房，酒店就必然需要关掉一间房，假设被预订了四间房，就要关掉50%的房型，可售房型的关闭就会导致排名的下降，流量的获取就会受到影响。如果不关掉已售出的房型，继续有用户预订，就会出现到店无房违约的情况。到店无房在OTA平台是非常严重的违规违约，酒店可能会受到平台的赔偿处罚，甚至排名置底。

另外，酒店若是同时在携程、美团、飞猪上线运营，那么在这三个平台都不敢设置预留房（保留房）。如果不能设置预留房（保留房），美团HOS指数、携程PSI服务质量分、飞猪MCI分值等就会受到影响，OTA平台的运营也会受到非常大的限制。

针对该酒店，需要解决的核心问题是什么呢？遇到这样的问题，应该怎么办呢？

实际上一般酒店无非就两种主要房型，一种叫大床房，一种叫双床房。该酒店的核心问题是，当同一房型被不同的两个人预订的时候，安排给两个人不同的房间，如何才能不引起投诉。如果我们解决了这个问题，那么就解决了用户订一间关一间的问题，也解决了不敢设置预留房（保留房）的问题。

在设计房型名称的时候首先不能破坏它在装修设计上的元素，要把它原有的一些特色展现出来，还要解决前面说到的问题。基于此，我把关键点进行了罗列：

第一，酒店整体属于中国风，具有中国传统文化元素；

第二，琴、棋、书、画、诗、酒、花、茶，属于中国的"八雅"；

第三，酒店是一个临海的民宿；

第四，要考虑针对不同的客源群体去设计不同的房型名称。

找准了我们需要解决的核心问题和需要体现的元素，接下来看我给他设计的房型名称：

一是，国风临海大床房；

二是，八雅临海豪华大床房；

三是，温馨临海亲子房；

四是，国风临海双床房；

五是，雅致豪华临海套房。

这一套房型名称首先满足了至少五个房型的要求。而且假设现在有两个不同的用户预订了国风临海大床房，是不是有可以替代的房型？替代房型是什么？可以用八雅临海豪华大床房或者温馨临海亲子房代替，因为这些房型都是一张大床就可以了。

有人可能会问："这个八雅临海豪华大床房和那个温馨临海亲子房是怎么置换出来的？"需要说明的是，酒店房间里面的布置，除了一张1.8米×2米的大床以外，还有一个座榻。这个坐榻上日常摆放的是一张小茶桌，茶桌两边放两个坐垫，平时用户可以在这个坐榻上面喝茶。但我把这座榻进行了简单的改造。当用户预订八雅临海豪华大床房的时候，就摆上茶具，用户可以坐在上面喝茶；当用户预订国风临海大床房但无房的时候，可以告诉用户免费升级到八雅临海豪华大床房，让用户去享受，顺便还可以要一个好评；当用户预订温馨临海亲子房的时候，把茶具收掉，在坐榻上面放上儿童的用具和枕头、被子等，瞬间就变成温馨临海亲子房。这种房型替代方法，也符合房型名称设计原则里的房型功能多元化。

通过以上的简单调整，酒店就实现了一房多卖，并且每个房型价格不一样，在国风临海大床房的基础上，八雅临海豪华大床房和温馨临海亲子房的价格上浮50~100元，酒店不但收益有所提升，还达到了很好的OTA平台运营效果。

同样，对于国风临海双床房，如果有不同的用户预订了两间，超房了以后怎么办？也可以用温馨临海亲子房来作为备用。很多运营者可能会想，这会不会引起投诉？这就需要在后台进行相关床型的设置了。在大多数人的观念里面，双床房一定是1.2米×2米的两张床，但其实在OTA平台后台选择新建房型，选择模板的时候选择不同床型就可以解决这个问题了。

通过这个案例,我们可以看出:

第一,不论实际房间量有多少,都不影响房型名称设计的多样化;

第二,在设计房型名称的时候,既要考虑流量,又要考虑转化率,因此要尽可能场景化;

第三,在设计房型名称的时候,不能违背平台的运营规则,因为一旦违背,不管在哪一个平台可能都很难运营好。

有一家酒店的大概情况是这样的:所在城市是北京,以温泉为特色,总房量大约40间房,其中一部分房间里面配备了温泉汤,还有一些房间的天花板开了玻璃窗,用户在房间里面泡温泉时可以看得见星空。在我给他设计之前,他只有两种房型,一种叫观景私汤房,售价899元;另一种叫临水观景房,售价999元。观景私汤房里有温泉汤,临水观景房里可以看到旁边的一条河。

受酒店老板的邀请,我去店里进行诊断(这里仅分享关于如何设计房型名称的部分)。我到店里的时候,首先做了一个表格,接着就用一天的时间,把酒店所有的房间挨个排查了一遍,在表格上把每个房间不同的地方全部标记出来,然后进行整理,求同存异。最终,我在没有进行任何其他投入的情况下,把原来仅有的两个房型,设计成了十个房型。

1. 揽月星空临水大床房。用户可以坐在房间里面泡温泉,可以看得见星空,而且这是一间是临水的房间。是不是看了房型名称以后,场景感就出来了?这个房型原来卖999元,我设计完房型名称后,其他什么都没变,直接提到1 188元。

2. 庭院景观双床房。这些房间既不临水,也没有私汤,更不是星空房,而是靠近自己酒店内部院子的。我在统计房型的过程发现酒店有一部分这样的房间,并且从店长口中得知,这些房间也是日常运营时用户投诉最多的房间,因为用户既不能看到河,也不能泡私汤,所以我起名为庭院景观双床房。

3. 山居古韵大床房。这类房间与庭院景观双床房类似,既看不见水也没有私汤泡池,但有个特点是能够看到不远处的山景,因此取名为山居古韵大床房。

4. 山居古韵双床房。对应第三个房型山居古韵大床房,只是房间内有两张床。

5. 临水宿心山景大床房。这类房间是可以观水且能看到山景的房间,但没有星空和私汤泡池。宿是归宿,暗示用户在这里心灵就找到了归宿,可以避开外界的干扰,享受这份美好。

6. 揽月寄思私汤大床房。该房型顶部是星空玻璃窗,并且有私汤泡池。名称可以给房型赋予一定的意义,并把用户带入场景中。根据房型名称想象一下:泡着温泉,仰头看着星空和月亮,一抹月光洒向私汤的水面。是不是很有画面感?然后酒店还可以在私汤泡池旁边放置一张温馨卡片,写上:"你是我隔世的温柔、枕畔的芳华,是在月色里飘洒的一缕馨香,是温暖我一生的眷恋。给他(她)打个电话吧?"把这样的房型名称和原本的房型名称放在一起,如果你是用户,会选择哪一个?

7. 若水之交私汤双床房。这类房间配备有两张床,且有私汤泡池,但无星空玻璃窗。为什么叫若水之交呢?想必很多人已经想到了《庄子·山木》里的那句"君子之交淡若水,小人之交甘若醴"。两个兄弟或闺蜜住在这个房间里面,泡着私汤,喝着小酒,彻夜长谈,赤诚相见,感情就升华了。

8. 摘星映月亲子私汤房。这类房间是亲子房,有私汤泡池和星空玻璃窗。按照房型名称用词场景化的原则，该如何呈现呢？先找出关键要素，即小孩、星空、私汤，然后对这些要素进行拆解和场景匹配。都说父母为了孩子，天上的星星都会去摘，再结合私汤和星空的特点，脑海就会浮现出一个非常具有场景感的亲子唯美画面，摘星映月亲子私汤房这个房型名称也就自然出现了。这个房间最初卖899元，经过名称设计以后价格直接提高到1 488元，并且供不应求。

9. 邀月对影私汤三人房。该房间是三床房，也是通俗意义上的三人间。按照与前面相似的思路，是不是很快就想到了李白的那句"举杯邀明月，对影成三人"？我提取了"邀月对影"这几个字并且加上房间特色私汤这个词，就出来了一个邀月对影私汤三人房。房间里再配上一瓶红酒、三个杯子，泡着温泉喝着酒，友谊都升华了。

10. 三室一厅商务私汤套房。这个房型本身是不存在的，但这个房型名称设计出来以后，变成了所有房型里面最受欢迎、最热卖，且价格最高的一个房型。那它是怎么来的呢？在酒店楼道的尽头有一个拐弯，拐过去之后有三间客房，这三间客房其实分别是前面提到的一间庭院景观双床房、一间山居古韵大床房和一间临水宿心山景大床房。我在设计的时候，把这三个房间组合打包上线了一个新房型，标价3 188元。在多个朋友一起出游，或者是家庭六七个人一起出游的时候，这样的房间是他们最好的选择，他们可以在一起聊天，可以在一起玩。这样的设计，不但提升了房间的总价格，还把这三间房变成了一个热销房型，每天最早售出的就是这个房型。

这是给大家分享的第二个案例，从这个案例当中可以看到什么？在为房型命名的时候，一定要注意抓取特色场景，要把整个酒店及房型的亮点提取出来，要让用户看到房型名称就能够想象到大部分入住后的景象，这也是所谓的用户交互。把最亮点的东西、最特色的东西，用房型名称传递给用户，不仅提高了OTA平台的预订转化率，还把房型细分、价格细分，提升了酒店的收益。

这家酒店在湖北，共有近100间客房。这家酒店离唐城影视城很近，唐城是本地的一个5A级的旅游景区。在我介入顾问之前，该酒店有特价大床房、高级双床房、豪华双床房、豪华大床房、休闲娱乐房和豪华套房六个房型。

关于房型名称方面，我去了之后都做了哪方面的工作呢？我同样先做了个表格，把所有的房间排查了一次，这里需要提醒的是，在统计排查时不能受到原有的房型名称和房型区分的影响。例如，原来有一个房型叫高级双床房，你统计时也把这个房型包含的房间全部归为一类是不行的，你要把原来所有的想法全部打散、归零，这样才能不受干扰。

我把所有的客房看完后，重新做了整理，把房型数量从六个变成了十个。

首先是豪华套房，总共有六间。这六间套房跟大多数酒店的套房实际情况一样，大多数时候都是空置的，没人预订。我发现酒店原有房型里没有设置家庭亲子房，我就把豪华套房拆分为两个房型，一个叫一房一厅亲子浴缸房，另一个叫商务行政江景套房。之所以添加"江景"这个词语，是因为酒店一部分房型的窗外可以看见一条江，加"江景"一词能更好地呈现房型的特色。

在做房型名称设计时，要清晰地知道，这个房型是打算卖给谁的，只有清晰地知道要卖给谁，才能有的放矢地进行调整和优化。

商务行政江景套房对应的是哪一类用户？是进行商务接待时需要豪华套房的那一类用户。而一房一厅亲子浴缸房对应的则是亲子家庭出行旅游的用户。从场景化的角度来看，看到一房一厅亲子浴缸房这一房型名称，首先呈现在你脑海里的画面是什么？这个房间有浴缸，这是一个亲子房，这个套房是一室一厅。酒店只需要在套房里增加一些可移动的亲子设施即可，无论用户预订商务行政江景套房还是一房一厅亲子浴缸房，都是可以灵活变动的。这也是房型名称设计原则里的房型功能多元化的体现。

然后是对特价大床房和高级双床房这两个房型的名称进行重新设计，改为绚丽唐城全景大床房和唐人街观景双床房。这两个房型名称的设计充分挖掘了客房的外部特点，因为这一部分的房间是可以看见唐城的夜景的，而且唐城有一条非常漂亮的街道叫唐人街。这些可能在酒店工作人员看来稀松平常的东西，变成了吸引用户下单的亮点特色。这也是前面所说的一定不要受到原有房型和房型名称影响的主要原因。

对于看不见唐城夜景的那部分客房的房型名称应该怎么设计呢？这个酒店大部分的客源都属于旅游的用户，既然是旅游的用户，很重要的一个诉求就是玩好、拍好。因此这部分房间的名称设计成了阳光旅拍双床房，是不是感觉不一样了？

原来叫休闲娱乐房的房型又应该如何去设计呢？改为寂寞时光棋牌大床房。房间本身的特点就是有棋牌，寂寞时光又跟旅游呼应上了。根据名称想象一下整个的场景画面，是不是感觉上升了一个层次？

原本的豪华大床房、豪华双床房，改成了盛唐印象大床房、盛唐印象双床房。酒店就在唐城隔壁，并且大多数的游客进入唐城后都会租赁唐装去逛唐城，于是酒店就可以在这类型的房间里布置一些简单的可以用来拍照的服饰、腰带、头饰等饰品道具，并在房型名称里加上"盛唐印象"。后续发现这个房型受到了非常多用户的喜欢，并且用户非常愿意拍照分享到朋友圈，对酒店起到了一个宣传的作用。如此设计房型名称以后，酒店就能很好地与整个旅游景区互相呼应。

以上就是该酒店房型名称的设计，设计完成以后提升收益才是最关键的，那怎么让好的房型名称助力酒店的收益呢？

房型名称设计完成之后，接下来开始梳理价格。

首先要对酒店整个的市场环境进行分析。本地有几家五星级（五钻）酒店，还有一大批的四星级（四钻）酒店。我发现了一个现象，五星级（五钻）酒店的起步价大概都在380元以上，四星级（四钻）酒店的起步价都在200元左右。这些酒店都在做低价竞争，常常出现今天你家酒店220元，明天我家酒店210元的情况，如此一来，形成了恶性循环。于是，我与该酒店总经理商议后做了一个动作，所有的房型先涨价100元，原来起步价是198元，现在最低的特价房型的起步价变成298元。结果酒店的新房型名称上线、价格调整完成之后，当天就打破了该酒店开业以来的营业额纪录，该酒店总经理特别开心。

那为什么要进行这样的调整呢？降价销售是酒店在经营过程中的最后一个办法吗？如果每次酒店经营出现问题，首先想到的是降价，这个酒店基本就离结束营业不远了。我的核心收益管理思路是如何卖得比竞争对手高，而不是永远比竞争对手低一块钱。

我来给大家分析一下。第一，我发现五星级（五钻）酒店的起步价都在380元以上，但是四星级（四钻）酒店起步价全部都在200元左右。我们思考一个问题：住五星级酒店的用户一般是什么样的用户？是高价格敏感型的用户。通常提到价格敏感型用户时，大家都觉得应该是那些爱占便宜、价格稍有上涨就会流失的用户，但实际上价格敏感型用户分为低价格敏感型用户和高价格敏感型用户。低价格敏感型用户就是指前面说的情况，高价格敏感型用户则是指那些选择酒店时会优先以价格为考虑目标，价格过低会优先排除的用户。这些用户，会不会浏览了五星级（五钻）酒店后全都预订五星级（五钻）酒店呢？答案是不会，总有一些用户会预订其他酒店，因为转化率很难达到100%。假设五星级（五钻）酒店的预订转化率达到20%，100位用户就有80位用户流失，这80位用户的入住需求不变且又可以接受高价格，那这80位住哪里呢？这80位用户必然先流向四星级（四钻）酒店，因为这类用户属于高价格敏感型。这些用户原本的预算是380元以上，结果下一档次的酒店的房间全都是200元左右，而承接这部分用户的酒店就可以争抢客源。假设有这样的属于四星级（四钻）的酒店，且价格区间在五星级（五钻）酒店下面，同时又在其他四星级（四钻）酒店上面，以此来承接五星级（五钻）酒店流失的这一部分用户，用户会不会接受呢？答案是肯定的。

以上分析，是酒店敢于直接涨价100元的底气，也是酒店在修改完房型名称并调整好价格之后能够破纪录的主要原因之一。

通过以上三个案例的分享，我相信你对酒店房型名称的设计已经有了更深入的理解。

第3节　房型名称设计规范及限制

平台对酒店的房型名称一般都有具体的规范性要求及限制，因此，酒店经营者在设计酒店房型名称时一定要先了解平台的相关政策。

我们先来看一些酒店房型名称设计不规范的案例（如图3-4和图3-5所示）。

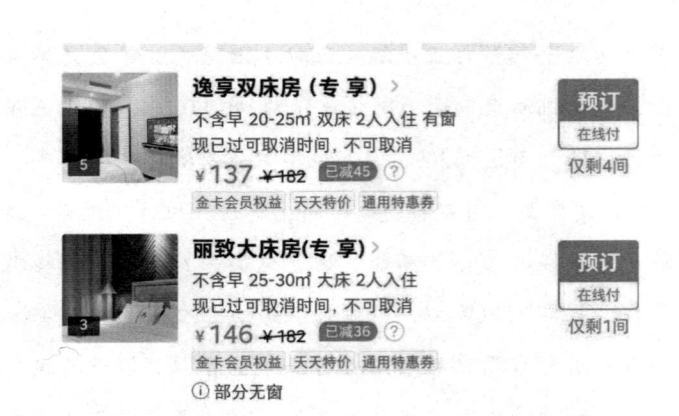

图 3-4　酒店房型名称设计不规范示例一

在上图中，酒店的房型名称后缀里出现了"专享"一词，该词是不允许在房型名称中使用的，虽然该酒店在"专"和"享"之间加了一个空格，但仍属于不规范的房型名称设计。

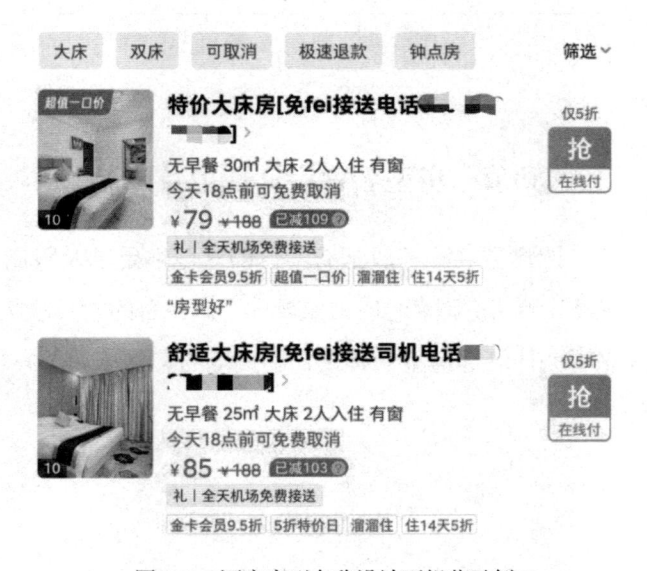

图 3-5　酒店房型名称设计不规范示例二

上图中，为了躲避平台审核，酒店在房型名称中用拼音或者错别字、繁体字代替禁用词，这实际上都是不允许的。

房型名称设计的一般规范如下：

第一，房型名称不可以重复，重复名称的出现不仅会影响用户交互，而且审核通不过；

第二，不违反广告法，比如最牛、最佳、第一、唯一等都是不允许使用的词语；

第三，不涉及政治；

第四，不增加营销词，比如免费、接送等词语都是不允许的；

第五，不含品牌词汇，比如在房型名称后面加"跟××品牌同款"是不允许的；

第六，不含销售规则；

第七，不含特殊符号，笑脸、爱心等特殊符号都是不允许出现的。

第四章

基于酒店问答的信息优化

酒店在OTA平台展示的信息中，有一个版块比较特殊，就是酒店详情页的"酒店问答/问大家/疑难解答"（各OTA平台叫法略有差异），为方便表述，后面均以"酒店问答"代替。酒店问答中不但包含了很多用户入住这家酒店前想要了解的问题，也传递了这家酒店所在商圈的用户需求情况。鉴于此，酒店可以把所在商圈的同类型酒店和自己酒店的问答版块的问题，按照用户询问的频次进行热度统计，然后把用户最关注的前5个问题列出来，分析解决后应用到酒店问答、评论回复、酒店简介、房型名称、SEO、IM等酒店信息中，将会非常有助于提升酒店的转化率。

第1节　酒店问答的统计分析

在前两年的时候，我给一家酒店集团做顾问，主要负责这个酒店集团门店的线上运营、线下收益管理体系导入和酒店服务设计三项工作。我们在合作过程中非常愉快，合作期间这家酒店的线上线下运营状况都有了非常大的提升。有了提升以后，老板就有了开新店的想法。新店选址选在了上海最热闹、地理位置最好的南京东路。南京东路类似于任何一个城市最繁华、最热闹、人流最大的商圈，可以说酒店选择在这样的位置，流量根本就不缺。老板好不容易找到了一栋楼，但是这栋楼除了位置外其他的条件并不好：可以用来做客房的房间在这栋楼的最高层；只能做33间客房，并且其中有26间为暗房、无窗房；最大房间的面积仅有23平方米，大部分的房间都是15~18平方米。老板很喜欢这个地方，但是又不知道拿下以后该如何运营，并且很难进行客源定位。前期市场调研花费了差不多一周的时间，酒店的员工把这栋楼周边三公里范围内的其他酒店基本上全部走了个遍，但得到的数据不是很令人满意。而且，通过酒店员工走访得来的数据也基本上仅仅是流于表面的，并不能得出对酒店有用的一些实质性内容。

基于以上这些情况，我去了一趟上海。我到上海之后，前面两天的时间我也没有找出具体的应对方法，但到第三天的时候，我不断地想要从线上突破，不停地浏览物业所在商圈其他酒店的一些情况。通过对携程、美团、艺龙、去哪儿等平台的浏览，我被"酒店问答"这个版块吸引了。我在想，如果把用户在"酒店问答"版块所咨询的问题进行统计，然后得出这个商圈的用户都关注什么，还有哪些需求，然后提供对应的房型和服务，会不会有效果？接下来，我让两三个员工用一天的时间，把这个物业所在商圈周围三公里范围内的所有酒店在各个平台的酒店问答全部做了统计，然后按照问题的类型和热度排序，全部罗列出来。

为什么要统计酒店问答呢？因为在同一个商圈，同类型、同档次的酒店的用户，关注的问题是不是类似的？既然是类似的，那如果我们把这些问题全部统计出来，然后在经营酒店时尽可能地去改善，尽可能地去解决用户所关心的这些问题，并做好对应产品和服务的优化，就一定能提升酒店的转化率。

以下是当时统计的问题关键词（如表4-1所示）。

表 4-1 某酒店问答统计结果示例

序号	关键词							
1	接机	送机	××站	高铁	火车	汽车		
2	未成年	16岁	身份证	学生	户口	单独	未满	
3	大人	亲子	孩子	娃娃	睡得下	挤一挤	挤挤	加床
4	停车	自驾	车停	开车				
5	外国	护照	外宾					
6	钟点							
7	早餐	双早	单早					
8	窗	有窗	窗户					
9	卫生	干净	一客一换	布草				
10	电梯							
11	押金							
12	寄存	暂存	行李					
13	游泳池							
14	上午	凌晨	提前入住					
15	发票	普票	可以开					
16	洗衣	衣服	干洗					

接下来，我们对那次酒店问答统计的结果进行分析。

排名第一的问题关键词有接机、送机、高铁、火车、汽车等，这些都和交通、位置、距离相关，说明该商圈的用户非常关注交通问题，那么只需把用户提到的这些信息整理后放到用户可能触及的地方，就有可能形成订单的转化。

排名第二的问题关键词是未成年、16岁、身份证、学生、户口、单独、未满等，这些词和初高中学生有关，说明该商圈有大量初高中学生入住的需求，如中午短时间休息等。因此在房型设计上就可以多考虑初高中生需要的相关房型，并且建立一套未成年人入住酒店时征得监护人同意的流程等。当然对于未成年人入住酒店时发生的一些问题，一定要根据相关法律法规进行妥善处理，不能为了提升酒店入住率而触犯法律。

排名第三的问题关键词是大人、亲子、孩子、娃娃、睡得下、挤一挤、加床等，说明该商圈有较多的亲子房需求，酒店除了设计亲子房之外，还可以把"亲子""加床"等词语应用到房型名称、酒店简介、酒店问答等版块予以展示，以获得更多的流量。

排名第四、第五的分别是关于停车和外宾的相关问题。如果同商圈的其他酒店在这两方面也不能满足用户的需求，那么该酒店就可以努力解决停车和外宾接待资质的问题，打造酒店的竞争优势。

当然每家酒店的问答统计结果都有所不同，下表是某海边旅游景点附近的酒店问答信息的统计结果（如表4-2所示）。

表 4–2　某海边景点附近酒店的问答信息统计示例

用户评价和问题关注点	商圈主要竞争对手酒店	酒店平日均价	酒店类型	美团网APP	某APP	某APP	问答总次数（含评价出现次数）
请问房间能看到海吗？离海边近吗？		600元~1000元	高档型	9次	12次	57次	675次以上
		250元~550元	舒适型	2次	8次	3次	
		500元~1000元	舒适型	4次	150次以上	200次以上	
		200元~400元	经济型	100次以上	5次	32次	
		200元~450元	经济型	27次	21次	45次	
早餐相关问题		600元~1000元	高档型	19次	3次	65次	448次以上
		250元~550元	舒适型	3次	无	94次	
		500元~1000元	舒适型	11次	100次以上	100次以上	
		200元~400元	经济型	29次	2次	4次	
		200元~450元	经济型	2次	3次	13次	
关于三人间和四人间等多人可入住房间的问题		600元~1000元	高档型	5次	无	26次	297次
		250元~550元	舒适型	1次	5次	68次	
		500元~1000元	舒适型	2次	64次	40次	
		200元~400元	经济型	21次	2次	17次	
		200元~450元	经济型	5次	6次	35次	

第四章 基于酒店问答的信息优化 79

续 表

用户评价和问题关注点	商圈主要竞争对手酒店	酒店平日均价	酒店类型	美团网APP	某APP	某APP	问答总次数（含评价出现次数）
停车位相关问题		600元~1000元	高档型	2次	35次	51次	322次
		250元~550元	舒适型	1次	3次	39次	
		500元~1000元	舒适型	6次	37次	30次	
		200元~400元	经济型	38次	6次	15次	
		200元~450元	经济型	17次	12次	30次	
可以烧烤吗？相关娱乐项目问题		600元~1000元	高档型	1次	3次	49次	159次
		250元~550元	舒适型	无	1次	6次	
		500元~1000元	舒适型	2次	30次	23次	
		200元~400元	经济型	38次	4次	2次	

从上图的统计结果可以看出，该商圈的酒店用户最关注的问题依次是："请问房间能看到海吗？""离海边近吗？"；早餐相关问题；关于三人间和四人间等多人可入住房间的问题；停车位相关问题；"可以烧烤吗？"相关娱乐项目问题等问题。

根据统计结果，酒店可做出对应的产品调整，比如对能够看到海的房间的价格进行调整优化、供应早餐、增设小团队出游多人间房型、解决停车位问题、增设娱乐项目等，相信会对酒店的转化率提升有非常大的帮助。

曾经有个酒店人，在珠海听完我的课程之后，虽然当天身体不舒服，但是仍然统计到凌晨四点。他把自家酒店周边所有同类型酒店的相关问答全部统计出来了，并且自己进行了分析。这里给大家分享一下他的统计结果：所有的问答里面，热度第一的是关于环境的问题，达到了266次，比如酒店的内部环境、房间的环境和周边环境的相关问题；热度第二的是与酒店的入住政策、房型相关的问题，达到了244次；热度第三的是酒店的交通、前台的服务、商务服务等相关的问题，达到了150次；排在第四的是早餐发票相关的问题，也达到了140次之多。

他不仅仅把这些问题统计出来了，还自己做了总结，大致结果如下。

通过对火车站商圈客源的分析对比，综合附近酒店问答统计以后，发现用户咨询比例最大的问题是酒店的环境和入离店时间。

第一，火车站商圈客源主要是火车换乘商务出差人员，需要更为快速便捷的服务。那么就想办法在平台上更清晰明确地展示酒店的环境和入住政策，让用户能够迅速地浏览到想要的信息，提升订单的转化率。

第二，乘客乘车的时间和离店的时间相隔比较长，一些顾客想延迟退房。为了提升转化率，可以在适当的时候灵活调整入住和离店时间，争取给用户提供更多的便利，提升用户的入住体验。

第三，酒店附加服务在问答统计中也有不小的占比，能看出这个商圈的客源对这些附加服务有较大的需求。因此，可以在今后的运营中增加酒店的各项附加服务，培训前台积极帮用户解决问题，提高酒店提供优质服务的能力。

从以上统计的结果和他自己的分析可以看出来，该酒店人在学完之后付诸了行动，并且自己进行了一些深度的思考。

总之，酒店问答版块隐藏着很多真实、有效的用户需求，酒店经营者要做好统计和分析，将结果应用于酒店展示信息的优化上，让用户看见酒店的优势，从而提升酒店的转化率。

第2节　酒店问答版块的优化

我们首先需要思考一个问题：什么样的用户会到酒店问答版块提问呢？一定是那些找不到更好的方式去跟酒店建立联系的用户。这类用户提出来的问答，很难及时地得到酒店的回应并得到他想要的答案，所以酒店的问答版块就变成了给未来的其他想要预订该酒店的用户的一个参考。就像我们平时在天猫、淘宝、京东上购物一样，当我们需要一个物品的时候，我们可能会去看别人关于这个物品的使用感受。因此，酒店就要尽可能根据前面统计出来的热度表，把用户关心的问题呈现在用户可能触及的地方。

一、酒店问答的展示规则

携程当前的展示规则是酒店可以回复，并且酒店的回复一般会在问答下面最优显示。如果同一个问题下面有多个回答的话，酒店回复之外的其他回答就会被折叠起来，相对来说，携程平台的负面回答是可以控制的。而美团和携程在"酒店问答"这个版块最大的区别，就是在美团平台，酒店不能直接对问题进行回复。

在美团，只有曾经在该酒店入住过的用户才可以对问题进行回复。一般情况下，最新的回复会在最上面展示，其他回复则会被折叠，只有点击"查看N个答案"才可以查看。如果你的酒店对此问题长期放任不管，最新的回复就有可能把之前的回复覆盖掉，也就是酒店想要展示的回复会被折叠，而其他用户的最新回复会优先显示。如果其他用户的回复是正面的还好，如果是负面的，就会对酒店的转化率造成一定的影响（如图4-1所示）。

图 4-1　酒店问答页面示例

二、酒店问答的本版块优化

本版块优化主要有两个方面的内容：第一，丰富本版块的问题和答案；第二，对已有问题进行有效的高质量回复。

对于丰富本版块的问题和答案，如果酒店期望用户在平台自发提问来完善该版块，是很难达到想要的优化效果的。因此酒店可以动员用户在问答版块进行一些针对性的提问，酒店可以提前预设好相关问题，然后给出对应的想要呈现的答案，从而对订单的转化起到促进的作用。

酒店如果想要对已展示的问题进行回复，可以参考下面两个方法。

1.直面回复，不做无效的回答。不能简单地回复说"有问题可以咨询前台"，或者给出一些模棱两可的答案。但凡用户有更好的方式能够跟酒店建立联系，都不会在酒店问答这个版块来问酒店这些问题。因此，酒店应该直面问题，认真回复，这样无论是在美团还是在携程，都能展示酒店想要展示的内容。

2.提供可替代方案。如果酒店实在无法回答用户问到的某些问题，或者回答后可能影响用户下单，或者用户问到的一些产品、服务是酒店本身不具备的，酒店一定要提供可替代的产品或者服务，尽可能引导用户下单。

以下是摘自某平台酒店问答版块的内容。

问：优先接待，这个是钟点房的意思吗？我看说要当天6点以后入住，当天14点以前退房？

答：我觉得价格偏贵，环境一般，不推荐！

问：离夜市和商贸城近吗？

答：近，不过太次了，不值这个价位。

问：早餐怎么样，房间怎么样，退房是几点？

答：房间还可以，早餐就算了，说实话难吃。

类似这样的答案如果被其他用户看到，肯定会影响酒店的转化率，所以运营人员一定要及时关注酒店问答版块的信息，对用户比较关注的、其他用户的回答又不太理想的问题进行优化。

可见，酒店问答本版块优化的最有效的策略就是及时更新问题的答案。

第3节　根据酒店问答优化其他信息

一、用户评价信息优化

点评分、用户点评内容、酒店对用户点评的回复等相关信息已成为一部分用户预订酒店的主要参考。当然，不是所有的用户都会看用户评论，也不是所有的用户都会看酒店对于评论的回复。但无论看用户评论的用户有多少，既然有用户去看，就要把这些信息优化到最佳状态。

OTA运营过程的核心目标是提升酒店收益，要想提升收益就要想方设法提升订单量，要想提升订单量就要想办法提升流量和转化率，如果一项工作对流量和转化率的提升没有帮助的话，基本上就是无效的工作。因此对于点评的回复，不能置之不理或随意而为，尤其是用户给到好评的一些回复，完全可以按照统计出来的热度，把想要传递给用户的信息传递出去。关于评论回复的内容可以参照第八章评价回复。

二、酒店简介信息优化

酒店简介是OTA平台运营中提升转化率、促进订单成交的重要因素之一。

经常看到一些酒店在OTA平台的简介是这样的：酒店由国外××设计师进行设计，酒店的占地面积是××，董事长履历××，等等。但实际上对于用户来讲，他需要的仅仅是一间房，以上简介内容所传递的这些信息对于酒店的流量和转化率没有任何帮助。因此，如果你的酒店的简介还是这些官方的、空洞的、对流量和转化率没有任何帮助的内容，建议重新优化。

　　酒店可以把从酒店问答版块统计出来的热度最高的问题分段展示在酒店的简介（文字简介和图文简介逻辑相同）里面。假设统计出来热度最高的是交通、位置、距离相关的问题，第一段就应该把酒店的交通、位置、距离交代清楚；假设统计出来热度第二的是早餐，第二段就应该把早餐种类、供应时间、收费情况等交代清楚。

　　原则就是把用户最关心的问题放在用户可能触及的地方，促进酒店订单的转化。

　　还要注意避免用整段信息，要分段阐述，并提炼出每段内容的关键词，用比较明显的符号标注出来，方便用户快速定位关键信息，如"位置距离""网红美食""酒店周边""便捷购物""休闲娱乐""服务承诺"等。

　　具体来说，酒店简介的优化技巧可以参考以下几点：

　　第一，简介中的信息要对酒店的流量和转化率有贡献；

　　第二，简明扼要，分段阐述，无关信息尽可能删减；

　　第三，文字简介一般不超过5段，每段不超过150字；

　　第四，把用户最关心的问题的答案呈现在简介中。

三、房型名称信息优化

　　把酒店问答版块统计热度最高的问题的答案尽可能加入酒店房型信息里面。例如，通过统计得知，用户最关注的信息中有早餐的需求，酒店就可以通过在房型名称后缀中增加单早、双早或三早的形式满足用户需求；用户有停车场的需求，酒店就可以在房型名称后缀或者礼包内容中予以展示；用户有接送机的需求，酒店就可以在房型名称后缀或者礼包内容中展示以解决用户痛点。

四、搜索引擎优化

酒店可以根据酒店问答版块的统计结果，把对应问题通过问答或者图文等方式发布在对应的搜索引擎或媒体平台，达到增加酒店曝光度从而为酒店引流的目的。这类优化包含SEO和SEM两种方式，即搜索引擎优化和搜索引擎营销。对大多数酒店而言，做好SEO即可。例如，在抖音、搜狐号、百家号、头条号、企鹅号等自媒体平台发布酒店相关文章，为酒店引流；或关注百度知道等知识平台上涉及酒店和所在城市的问题，积极回答为酒店带来曝光。

在实际的酒店运营中，可以看到非常多的酒店非常愿意在短视频平台展示自己的酒店，包括讲解酒店情况、展示酒店服务等方式。需要注意的一点是，短视频平台有天然的娱乐属性，即便用户通过搜索搜到了本酒店的一些视频，也可能会降低用户的信任。因此更加建议酒店在做这些短视频的时候，把对应的文案编辑后以图文形式发到搜狐号、百家号、头条号、企鹅号等平台。你会发现，当用户想要了解一家企业的相关资讯的时候，用搜索引擎搜索出来的文章通常比短视频更令人信服。

五、IM信息优化

随着用户预订习惯及沟通方式的转变，IM沟通正在成为用户与酒店沟通的非常重要的一个渠道。IM沟通具有即时性、时效性，用户能够及时地了解到他想了解的酒店相关信息，因此，酒店可以根据酒店问答版块的热度统计结果，优化IM信息的快捷回复等内容，提升酒店的转化率。

IM信息回复的原则主要有以下几点。

1.极速响应。尽量做到10秒内有响应，避免用户因为酒店未能及时回复而流失。

2.弱化无效信息，增强沟通质量。减少"好的""知道了""我问下"等单句回复的情况。

3.用户的问题范围广，酒店必须处处专业。用户提出的零散问题，酒店尽可能在一条内回复完成；可以分段总结回复，单条信息超过30字时另起一条。

4.永远比用户多说一句，不做提前"挂机"的那个人。用户咨询酒店房间信息以后，酒店可以回复"……您预订后告知下预订姓名和房型，我给您提前预留房间"等内容。这样可以提升转化率，一旦出现差评还可以做到有据可查。

5.答案明确，拒绝答非所问。对于用户咨询的问题，酒店要明确给出答案，不能含糊其辞，问东答西。

6.真诚沟通，少做站外引流。在平台上与用户沟通时不要提及电话、手机、联系方式等字眼，也无需尝试让用户加微信，做出最合理的解答是首要目标。

7.保持敏锐洞察力，听出用户话外音。洞察需求，推介酒店服务，增加更多可能性。

以下是几种常见的IM回复案例。

案例1：对于用户咨询的问题，酒店要明确给出答案，不能含糊其词（如图4-2所示）。

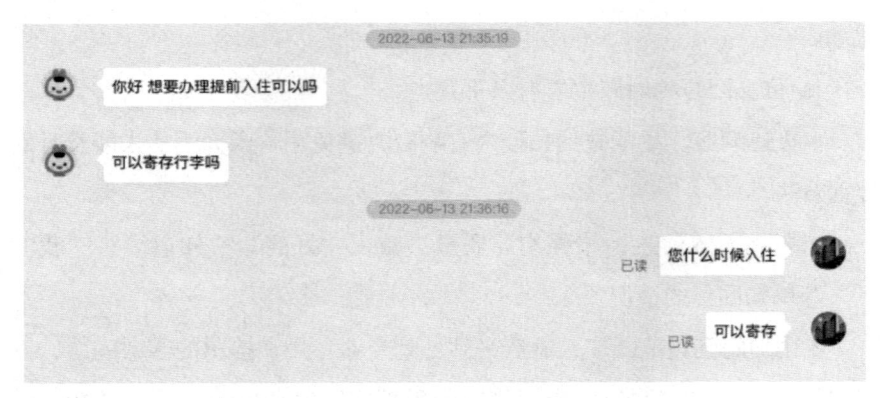

图 4-2　IM 沟通示例一

类似这样的无效回答尽量避免。回答参考:"麻烦您提供下订单姓名、房型和大概入住时间,我给您做备注。我会通知前台到时候给您办理提前入住。"

案例2:在平台上,与用户沟通时不要提及电话、手机、联系方式等字眼,也无须尝试让用户加微信,做出最合理的解答是首要目标(如图4-3所示)。

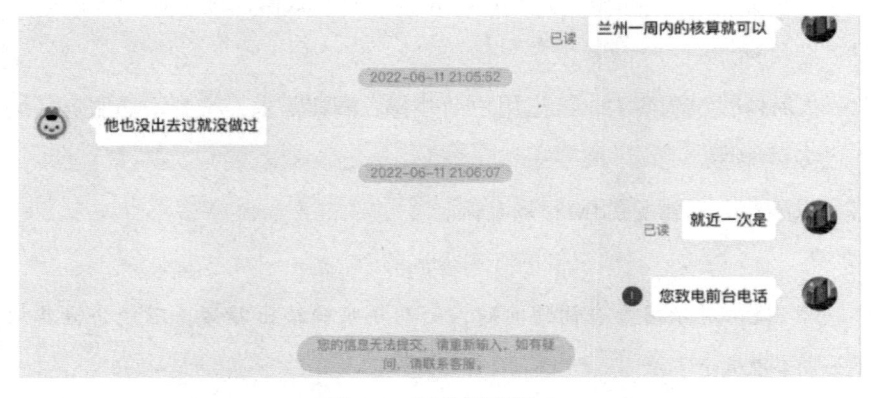

图 4-3　IM 沟通示例二

案例3：用户提出的零散问题，酒店尽可能在一条内回复完成（如图4-4所示）。

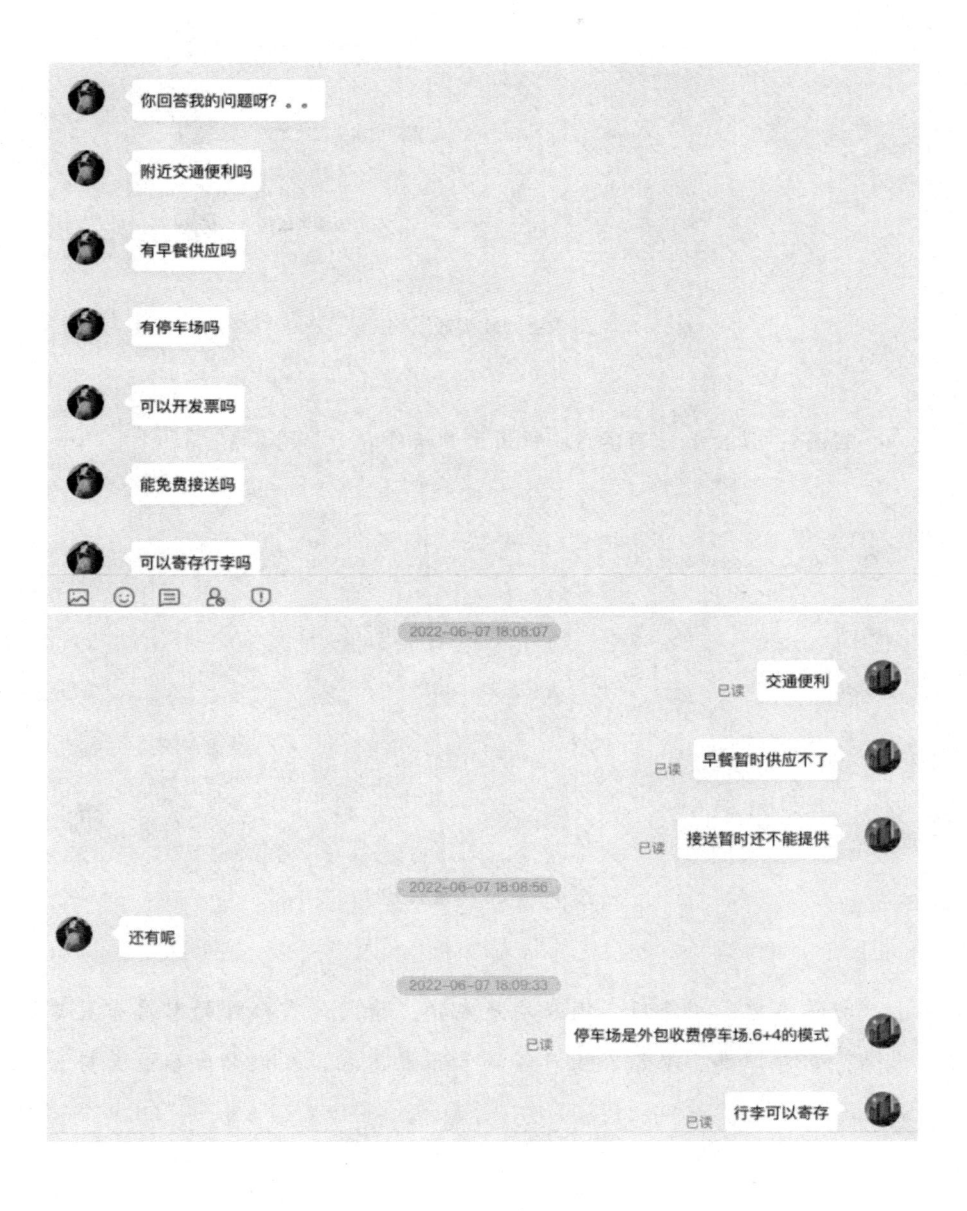

你回答我的问题呀？..

附近交通便利吗

有早餐供应吗

有停车场吗

可以开发票吗

能免费接送吗

可以寄存行李吗

2022-06-07 18:08:07

已读　交通便利

已读　早餐暂时供应不了

已读　接送暂时还不能提供

2022-06-07 18:08:56

还有呢

2022-06-07 18:09:33

已读　停车场是外包收费停车场.6+4的模式

已读　行李可以寄存

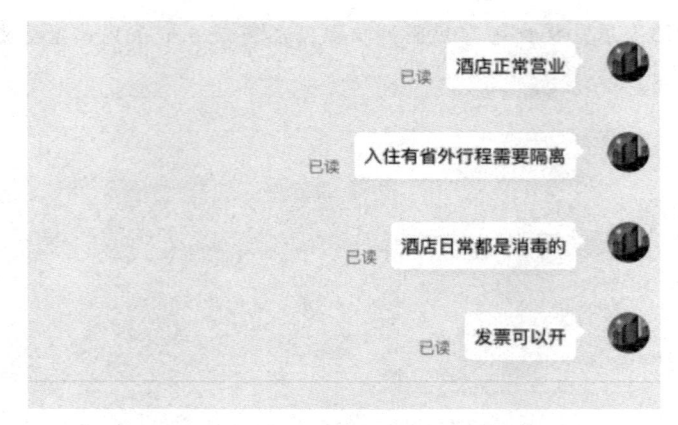

图 4-4　IM 沟通示例三

案例 4：保持敏锐洞察力，听出用户话外音（如图 4-5 所示）。

图 4-5　IM 沟通示例四

回答参考："您好，酒店均是实拍，请问您有额外的客房布置需求吗？意外惊喜、求婚、生日等场景布置需求，我们都会尽最大努力满足。"

第五章 酒店信息完善

用户预订酒店的方式千差万别，对酒店的星级档次、设施设备、房型、政策等的需求也不尽相同。面对不同需求的用户，根据酒店的实际情况完整展示酒店信息，是经营者着手运营一家酒店首要完成的工作。

本章主要针对酒店在OTA平台展示的基本信息、房型信息、图片信息等内容，帮助酒店完善相应信息并以最佳方式呈现给用户，使这些信息能触达用户不同需求，达到提升流量和转化率的目的。

第1节　各平台的酒店信息管理界面

酒店信息呈现的完善与否会影响到流量和转化率，而相对于付费的广告位和推广工具来说，酒店信息的完整展示是获取流量和提升转化率成本最低的途径。

各OTA平台在酒店信息的完善和优化上的逻辑基本一致，只是在信息展示的方式和细微规则上有些区别，具体以实时展示为准。

以美团平台为例，进入后台的"酒店信息"界面，可以看到酒店信息管理包括酒店信息、客房信息、图片管理、视频管理几大类（如图5-1所示）。

第五章　酒店信息完善　93

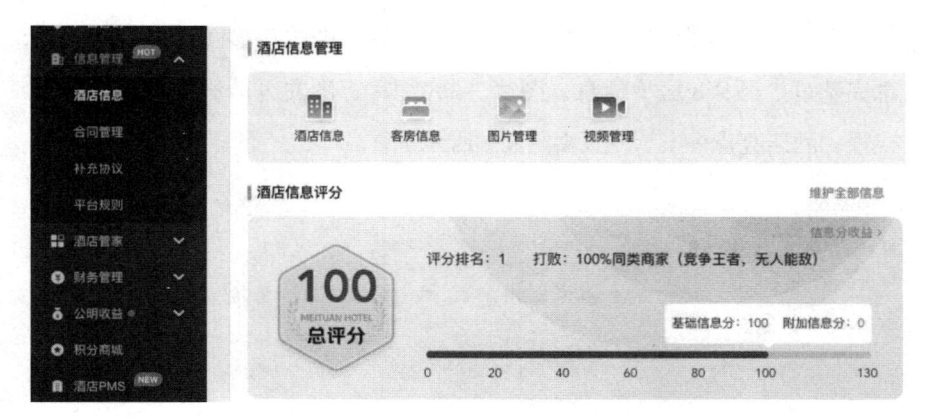

图 5-1　美团酒店信息管理界面示例

以携程平台为例，进入后台的"信息维护"界面，可以看到信息概览，包括酒店基本信息、图片视频、房型信息、酒店亮点、酒店政策、酒店设施、房型设施几大类（如图5-2所示）。

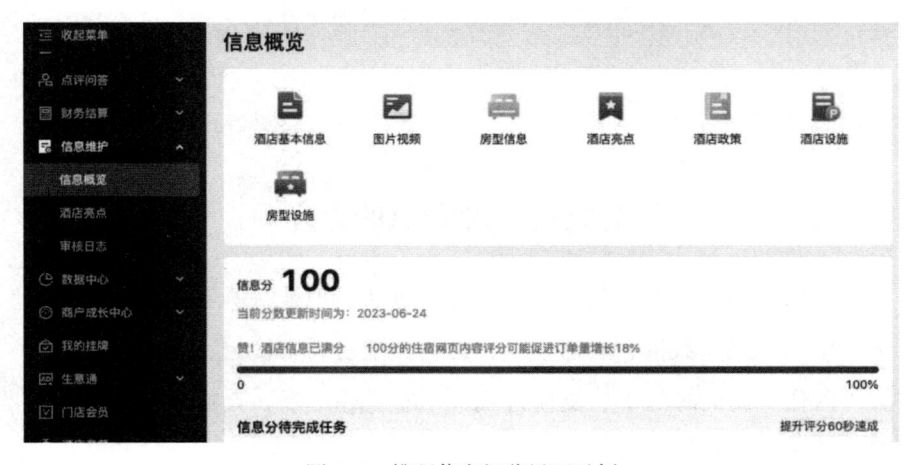

图 5-2　携程信息概览界面示例

以飞猪平台为例,进入后台的"酒店信息维护"界面,可以看到信息完整度、酒店&房型信息、图片、360图片、图文秀、酒店视频、房型视频、酒店亮点等几大类(如图5-3所示)。

图 5-3　飞猪酒店信息维护界面示例

第2节　基础信息的完善

酒店基础信息主要包含酒店名称、电话、地址、所属品牌、营业状态、楼高、房间数量、酒店星级、酒店类型、周末设定、过夜房入住政策(入住、离店时间)、支付方式、早餐、停车场、宠物政策、押金类型、酒店简介等内容。

根据前面内容可以看出,大部分需要完善的信息属于酒店设施、政策类信息。设施类信息根据酒店实际情况完善即可,我们重点介绍酒店类型的选择、周末设定、过夜房入住政策和押金类型几个方面的信息完善策略。

一、酒店类型的选择

1.客源定位相匹配。如果酒店名称上没有对应的客源关键词，选择酒店类型时就要选择跟自己酒店客源定位相匹配的类型。例如，以商务类型客源为主的酒店，应勾选商务酒店；以亲子客源为主的酒店，应勾选亲子酒店。

2.星级档次不重叠。例如，如果酒店已经被平台评为经济型，则在选择酒店类型时就不应再选择经济型或快捷酒店。如果平台判定的相关星级与酒店实际情况不符，可以在后台进行更换。不过，在升级星级时要注意，一次性准备好所有资料再进行申请，避免申请不通过，否则需要等至少6个月（各平台的时限可能有所不同）才能再次申请。当然，在申请的时候首先要以真实性为主，否则有可能会被降星。如果因信息不实导致用户投诉，还有可能被处罚。

3.名称属性不重叠。一些商务类或亲子主题类酒店会用"某某商务酒店"或"某某亲子主题酒店"作为酒店名称，当酒店名称上已经有酒店类型方面的字样时，在"酒店类型"的选择上要尽可能避免与名称重复，把信息展示的机会留给其他可能吸引用户的属性。

4.可选数量不浪费。以美团为例，"酒店类型"的选择数量要求是不得多于两个，实际运营发现，很多酒店仅选择了一个。酒店要尽可能多选而不应该浪费可选数量。

二、周末设定

酒店平台运营中所谓的周末，跟我们日常生活当中定义的周末是有所区别的。在日常生活当中，周末通常是指周六、周日，但在酒店运营的过程当中，每家酒店对周末的定义都可能不同。比如，对于以夫妻一同旅游为目标顾客的酒店来说，一般周五、周六是入住高峰期，那么该酒店的周末可以定义为周五至周日。不同类型、不同位置的酒店的预订和入住的高峰期都不同，对周末的定义也会不同。做好周末的定义，有利于酒店对促销活动的选择和对价格调整的把握，因此酒店经营者一定要准确定义自己酒店的周末时间，并在OTA后台做好设定。

三、过夜房入住政策

过夜房入住政策是指顾客入住、离店时间的设置。一般来说，入住时间越早越有利于订单的转化，但酒店在平台运营时同样需要考虑店内管理的实际情况，不能一味地追求高流量或者高转化率，否则可能给店内管理带来非常大的挑战。脱离酒店运营实际情况去追求流量或转化率最大化的方法都是不靠谱的。

从转化率的角度来看，入住时间设定为早上8点一定会比设定为上午11点转化率更高。但对于入住率比较高的酒店来说，早上8点通常很难提供打扫干净的房间，因此很有可能出现用户到店无房发起投诉的情况，甚至需要对用户进行赔偿。这类情况就是脱离了酒店实际运营能力，过度追求高转化率产生的不利影响。相反，如果酒店入住率较低，可提供干净房入住，特殊时期内就可以放宽入住条件；当入住率得以提升后，再修改入住时间。

实际运营中，酒店应以各房型能提供干净房的时间为入住时间的设定标准，同时在安排客房员工打扫时应优先保障每个房型有可用的干净房。

例如，某酒店上午11点能够打扫出各房型的可用干净房，就可以设置入住时间为上午11点。而某酒店因地理位置或客源的特殊性，大部分用户都是中午以后离店，入住时间就不宜设置得过早，避免用户到店无房可住，产生投诉。很多酒店的离店时间一般设置为中午12点，但针对会员等顾客群体可以延迟退房时间，提升用户体验，提高好评和预订转化率。

四、押金类型

押金类型分为两种：一种是入住不需要押金；另一种是入住需要押金，金额以前台为准。

如果酒店客房内无消费品或无重要物品，就只需入住时做好用户联系方式的预留登记，尽可能不收取押金，简化入住流程，这样可以提高用户体验，提升前台、客房工作效率。

对于房间内有消费品或重要工艺品等物品的情况，酒店尽可能收取较低的押金，方便用户资金周转，也要在入住时做好用户联系方式的预留登记，同时做好消费品进销存管理及优化退房、查房流程，避免因用户退房等待时间过长产生投诉。

如果用户不小心损伤了房间内物品，需要进行小额赔偿时，可考虑让其少赔或免赔，这样既可以彰显酒店经营的人性化，还可以减少部门之间的互相扯皮，更重要的是可以占领用户心智，培养回头客，树立良好口碑。但如果用户造成了大额损失，酒店可根据实际情况与用户商议赔偿金额。

第3节 服务设施信息的完善

服务设施信息主要是指酒店为顾客提供的各项服务以及酒店特别

设施的信息。一般来说，部分服务设施信息不是必填项，但对于酒店来说，相关信息的完善有助于用户更加准确地匹配他所需的酒店，所以酒店要根据实际情况选择填写，尽可能多地展示相关信息。下图中是A和B两家酒店提供的服务设施信息的展示，可以看到两家酒店的前台服务包含的内容几乎无差别，但在餐饮服务上，A酒店多了一项西餐厅服务，如果有西餐需求的用户可能就会选择该酒店（如图5-4和图5-5所示）；关于政策方面的信息，B酒店比A酒店展示更加全面，如果用户有相应的需求，B酒店比A酒店更有可能获得订单（如图5-6和图5-7所示）。

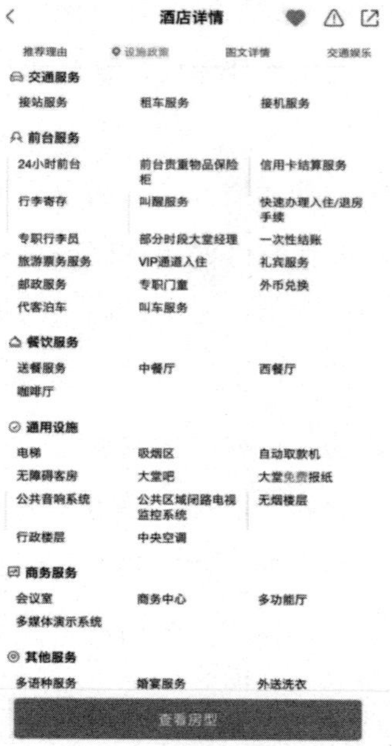

图 5-4　A酒店服务设施信息展示一 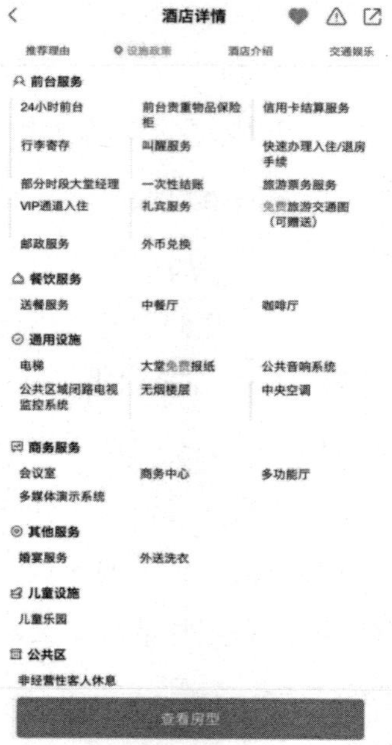　　图 5-5　B酒店服务设施信息展示一

第五章 酒店信息完善　99

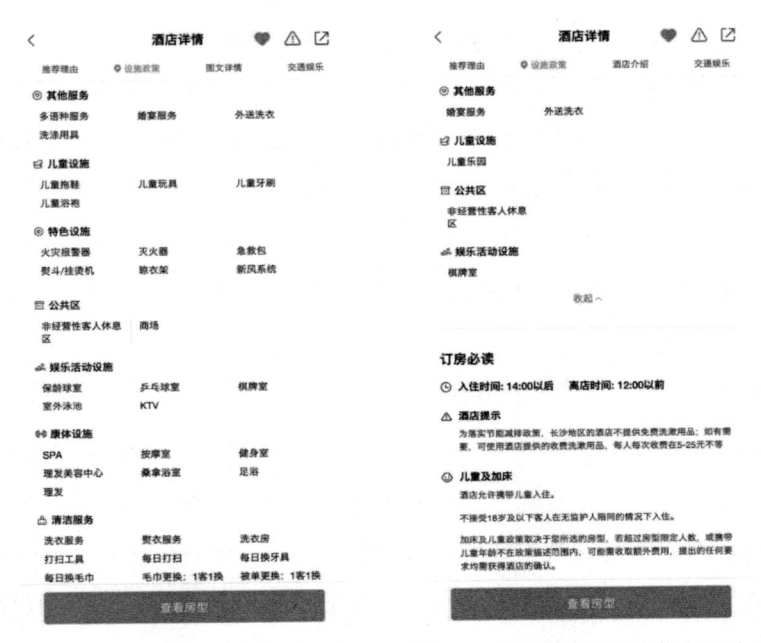

图 5-6　A 酒店服务设施信息展示二　　图 5-7　B 酒店服务设施信息展示二

　　线上 OTA 的运营跟线下运营有着本质的区别。例如，某酒店有停车场，但是在线上 OTA 平台并未展示出来，于是自驾出行的用户通常会默认酒店没有停车场，极少有用户会在 OTA 平台没有展示停车场的情况下还主动打电话询问酒店是否有停车场，于是对于该酒店来说，这类用户可能就会流失。

　　可见，酒店原本拥有的设施设备，如果没有在线上平台展示的话，对于 OTA 平台的客源群体来说，这个设施就等于没有。这样就削弱了设施设备给酒店带来收益的能力。

　　从两家酒店信息的对比我们可以发现，酒店服务设施信息的完善对酒店的订单转化有着非常重要的影响，因此酒店能够提供和能想办法提供的服务、设施，要尽可能地予以展示。

以下一些服务项目或设施常常在信息展示时被忽略。

1.商务传真、复印服务。即使收费也可勾选，能提供其中一种也可。

2.针对特殊人士提供更多的照顾。比如提供无障碍卫生间、扶手、轮椅或者是沐浴凳，只要能满足其中任何一项，就能够在硬件设施上加分。

3.代订服务。比如，与旅行社、景区景点合作提供火车票、机票、景区票的代订服务。

4.擦鞋服务。人工或者擦鞋机都可以。

5.代客泊车服务。一般情况下，喝酒的顾客有代驾，自驾的顾客都是自己停好车，所以这项服务只是为极个别有需要的顾客提供的，但只要有这项服务，就对这类顾客有极大的吸引力，能够有效提升转化率。这项服务也不需要酒店过多的投入，只要是酒店里有驾照的工作人员都可以提供。

6.停车场。酒店200米以内公共区域的停车场或者是门前的停车位均有效，是否收费也可以完整体现在平台信息中。

以上这些服务与设施，是我在服务多家酒店时发现的常常被忽略的信息，酒店在OTA平台的星级档次的评定通常都会参照设施设备评分，因此上述每一项信息的完善切不可忽略。

第4节　房型信息的完善

用户在预订酒店时，必须选择房型才能够成功预订一家酒店。因此，房型信息的优化在酒店运营中非常重要且有必要。

一、房型基础信息的完善

房型基础信息包含房型名称、使用面积、最多容纳成人数、窗户信息、床型、房间所在楼层、卫生间、房间特色等信息,以美团为例(如图5-8所示),携程、飞猪平台基本类似,具体可登录对应后台查看。

图 5-8 房型基础信息展示

二、房型设施信息的完善

房型设施信息包含便利设施、媒体科技、食品饮品、浴室用品、无障碍设施、室外景观、其他设施等信息(如图5-9和图5-10所示)。

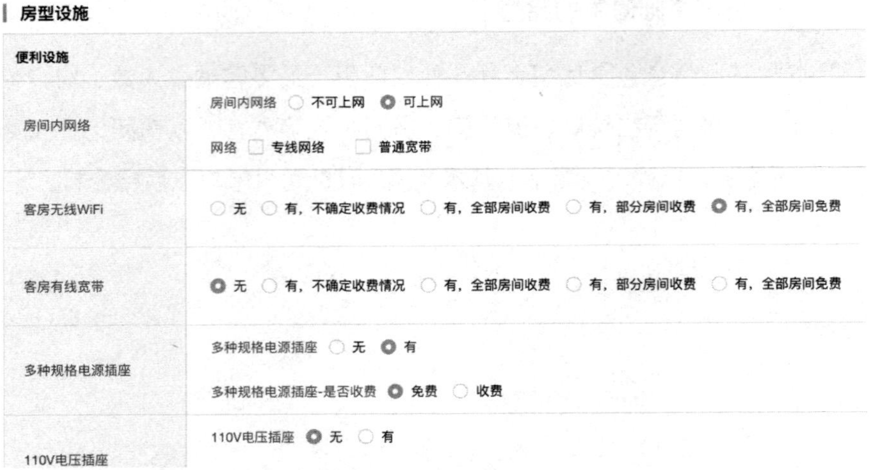

房型设施

便利设施	
房间内网络	房间内网络 ○不可上网 ●可上网 网络 □专线网络 □普通宽带
客房无线WiFi	○无 ○有,不确定收费情况 ○有,全部房间收费 ○有,部分房间收费 ●有,全部房间免费
客房有线宽带	○无 ○有,不确定收费情况 ○有,全部房间收费 ○有,部分房间收费 ●有,全部房间免费
多种规格电源插座	多种规格电源插座 ○无 ●有 多种规格电源插座-是否收费 ●免费 ○收费
110V电压插座	110V电压插座 ●无 ○有

图 5-9　便利设施信息展示示例

房型设施

媒体科技	
电话	○无 ●有
国内长途电话	国内长途电话 ○无 ●有 国内长途电话-是否收费 ●免费 ○收费
国际长途电话	国际长途电话 ●无 ○有
台式电脑	●无 ○有
电视(有线)频道	○无 ●有
	房间内电视机 ○无 ●有

图 5-10　媒体科技信息展示示例

无论是酒店常规信息还是房型特色信息，都应尽可能进行完善，尤其是房型具备的一些设施、设备信息更要全面展示。如果酒店暂时还没有这些设施、设备，酒店经营者就要参考平台提供的选项进行针对性的补充，设置好后展示给用户。如果忽略了这些设施、设备的信息展示，从平台运营的角度来说，很有可能造成酒店装修上的浪费和客源上的流失。

酒店展示的房型设施、设备信息越多、越完善，越有利于提升酒店的流量和转化率。比如浴缸、客房宽带等信息，在酒店列表页的筛选页面的"酒店设施—客房设施"项里会有单独的筛选入口（如图5-11所示）。这类房型设施信息既能提高流量又能提高转化率。

图 5-11　浴缸、客房宽带等信息在列表页的流量入口示例

需要注意的是，不可为了提高设施、设备的信息展示的多样化和丰富性而添加酒店房型实际上没有的设施、设备，否则很有可能造成顾客到店之后的投诉发生，影响酒店正常的运营。

三、新增房型的方法步骤

以美团平台为例（携程、飞猪平台基本类似，具体可登录对应后台查看），登录E-Booking后台，进入工作台后依次点击"信息管理"—"酒店信息"—"房型信息"—"新增房型"就可以了（如图5-12所示）。

图5-12 新增房型界面示例

新增房型时，有一些信息是必须完善的。

首先要准确完整地填写房型面积、可住人数、窗户、床型以及卫生间等信息。

填写房型面积时，尽量不要按照本房型的最小面积和最大面积填写。假设某酒店特价房的最小面积是15平方米，最大面积是28平方米，如果在"房间使用面积"中填写"15~28平方米"，用户会认为该房型的面积只有15平方米而不可能是28平方米。如果该房型有各种不同的面积，在设计房型名称的时候，就要考虑拆分，打消用户的疑虑，提升订单的转化率。

此外，在床型规格的选择上，双床房和大床房都是酒店必须有的床型，一定要全面覆盖，分别设置。

新增房型提交之后即进入审核阶段。舒适型及以下档次的新建房型一般是即时审核，只要房型名称不违反平台的相关政策，基本上都能够很快地通过审核。如果平台系统审核发现有疑似不规范的情形，还需要人工审核，具体以平台的最新政策为准。

如果新增房型审核未通过，需要联系业务经理提交工单申诉。

第5节　图片信息的优化

用户在预订酒店的时候，都会在其所能承受的价格范围内，尽可能选择性价比最高的酒店。在选择的过程中，用户可能会关注酒店的价格、设施、设备、点评分、评论等信息。除了非住不可或者已经对酒店比较熟悉的情况外，用户有很大可能会关注酒店展示的图片，无论用户是在酒店相册里点击查看图片，还是在房型信息里查看房型的图片，酒店展示的图片都是用户关注最多的信息之一。

经常有酒店人问："为什么我的酒店的流量比同行均值或竞争圈酒店都高，但是转化率却很低呢？"从用户行为运营上来讲，就是酒店已经曝光在用户的面前，用户也从列表页进入到酒店的详情页了，但最终仍然没有下单，这又是为什么呢？

影响转化率的因素有很多，流量较高而转化率不足的其中一个原因很有可能就是图片的优化还不够好。

在进行图片优化之前，首先要了解以下情况：图片在平台上都展示在哪些地方？图片出现的位置究竟是如何影响用户预订行为的？图片及其展示位置对酒店的流量或者是转化率都有哪些方面的具体影响？因为只有了解了这些信息,才能知道在哪些页面应该用什么样的图片,否则犹如盲人摸象,仅仅靠"我觉得"做决策就很有可能在酒店经营策略上出现误判。

一、图片信息展示位置

1.列表页酒店首图。说到酒店在OTA平台上的图片,首先浮现在脑海当中的是哪里的图片?是首图,也就是酒店列表页展示的图片。首图的展示面积,占到了酒店在列表页的信息展示面积的1/3左右(如图5-13所示)。由此可见,首图是影响用户是否会进入酒店详情页的重要因素之一。

图 5-13　酒店列表页示例

而关于列表页,我发现,部分酒店人认为只有在默认的情况下显示的酒店排序页面才算是列表页,从而导致在运营的时候忽略了其他页面的优化。

其实,列表页不仅仅是进入酒店频道页面后点击"查找"或"查询"后出现的页面,从活动入口或是从筛选入口进入后,以此类方式展示的页面也可以统称为列表页。例如,用户选择"好评优先"这一条件后,筛选出来的这个页面也可以被称为列表页(如图5-14所示)。

图5-14 好评优先筛选列表页

再例如，用户在如下的界面，点击"开业惊喜价"活动的入口（如图5-15所示）后呈现出来的界面也可以被称为列表页。

图 5-15 活动广告入口

而如果酒店在这样的筛选条件下，没有很好的排名，就会错失很多流量。

根据上述内容加深对列表页的认识之后，我们就会发现列表页上都会有酒店首图的展示，首图展示的优劣，是影响用户是否有意愿点击进入一家酒店的重要因素，当然不是唯一因素。

2.酒店详情页顶部相册。用户从列表页进入酒店详情页后，在最顶部看到的就是酒店的相册。酒店相册里包含了酒店官方上传的图片和住客晒图（如图5-16所示）。官方图片包含酒店外观、客房内部、餐饮、休闲、商务、公共区域、大厅、周边等信息。住客晒图通常是用户在点评中所展示的图片，部分平台如携程会有达人晒图，指用户通过社区发布的关于酒店旅拍的相关图文、视频等。

图 5-16　酒店详情页顶部图片示例

3.房型信息首图。用户进入酒店的详情页并选择房型预订下单时，极有可能会浏览酒店的房型图片（如图5-17所示）。而如果房型的首图和其他图片的选择及展示不够美观，就会降低用户下单的可能性。

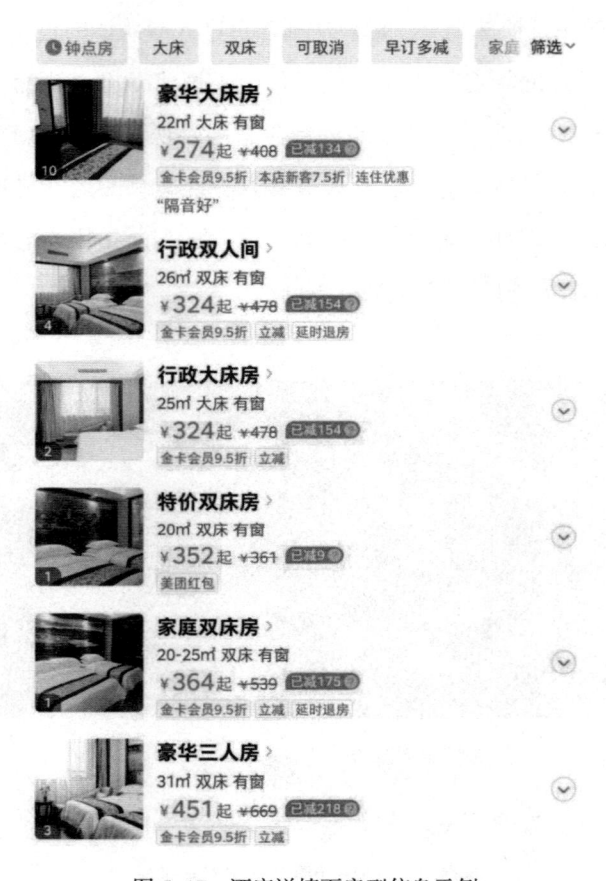

图 5-17 酒店详情页房型信息示例

具体来说，房型图片的重要作用有以下几点：

第一，可以直观展示对应房型，减少用户的决策时间。

第二，提高订单的转化率，用户进入酒店详情页并且需要预订酒店的时候，如果酒店的房型图片展示比较完整并具有吸引力，可以提高用户预订的可能性。

第三，提升美团HOS指数、携程PSI服务质量分和飞猪MCI分值。

4.住客晒图。住客晒图通常从用户点评或旅拍中来，即用户在发表点评时发布的经过系统审核的图片（如图5-18所示）。

图 5-18　住客晒图示例

二、图片对转化率的影响

要尽可能使酒店图片的美观度和信息传递能力优于竞争对手。以下是某家酒店所在城市的列表页截图（如图5-19所示），假设展示在同一列表页的这些酒店的其他条件相同，作为用户你会优先点击哪家呢？我相信一定是第一家酒店，因为这家酒店展示的列表页首图相对更加漂亮、更加具有吸引力。而其他三家的图片还有所欠缺，而且色彩不够明确，对酒店点击转化的提升效果就不够好。

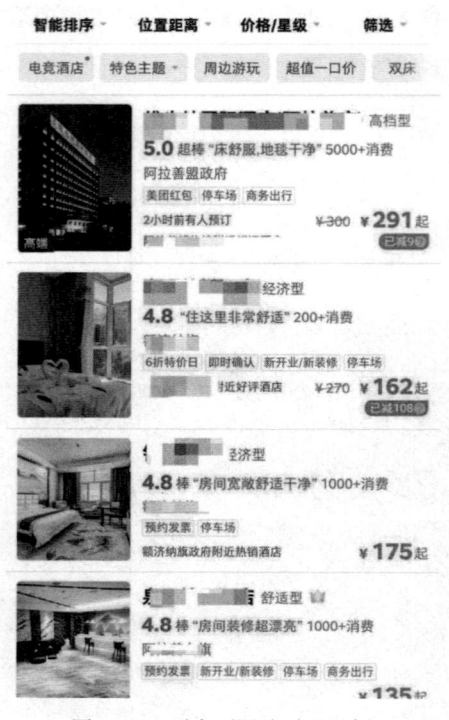

图 5-19　列表页图片对比示例

三、图片信息优化方法

酒店OTA平台的运营，运营的是用户行为；转化率的运营，运营的是个性。只有了解用户的行为和习惯，才能够进行相应的优化，才能够让用户在选择酒店的时候，有更大可能选择自家酒店，最终形成订单的转化。

用户通常是没有太多的时间把酒店展示的每一张图片都耐心看完的，因此，运营者就要考虑如何在平台规则范围内尽可能把最优质的和最能体现酒店特点的图片优先展示给用户。

不同位置展示的图片，应该如何进行优化呢？可以参考以下几点：

1.首图。

我曾经以全国26个热门城市为样本，在不附加任何条件的情况下把这些城市默认前五名的酒店的首图全部对比分析之后，发现这26个城市共130家酒店中，有89%的酒店的首图用的是夜景照片，使用白天照片的占比仅有11%。从这个数据可以看出，酒店在首图的选择上，应该尽可能使用夜景照片。

用房型图片做首图的有49家，这部分酒店通常是在一栋楼里面承租了部分楼层来做酒店，这种情况下建议使用房型图片做首图。

怎么选择一张好的房型图片做首图呢？尽量使用房间数量占比最大的那个房型的图片做首图。想想看，我们在淘宝、京东、天猫上购物的时候，为什么会点进一家店里呢？是不是有很大一部分原因是产品的图片吸引到了你，然后你才点击进去浏览？酒店OTA运营也是同样的道理，酒店想主卖哪个房型，就把哪个房型的图片作为酒店首图去展示。切记不要使用网上下载的总统套房的图片，或者酒店仅有一间的总统套房的图片，否则会出现用户看到这样的图片点进来之后，发现酒店根本没有自己想要的房型的情况，这可能会导致订单的流失或者流量虚高而转化率较低。

另外，从以上这些首图也可以看出：高档型及以上档次的酒店一般使用整体外观图做首图；舒适型及以下档次的酒店往往外观图不够美观，则优先使用房型图做首图，当然如果有不错的外观图，就优先使用外观图做首图。

2.酒店相册。

当用户从列表页进入酒店详情页时，详情页最顶部就是酒店相册的入口，酒店可以在相册里分门别类地展示整体外观、客房内部、餐饮、休闲、公共区域、大厅、周边、商务、其他等方面的图片，用户可以根据需要点击对应区域查看。每一模块的展示应该包含至少五张不同角度的图片，以给用户更多的感知。部分模块图片缺失的要尽可能补齐，方便用户查看。

在酒店相册的部分，尤其要关注公共区域及酒店周边的图片展示。根据我自己订酒店的经验，用户不经意间就会被公共区域及酒店周边的照片所吸引。比如我预订酒店的时候，点开酒店相册后首先关注的模块就是公共区域。因此，如果酒店的公共区域有一些书廊、按摩椅、茶吧等设施，可以多角度拍摄照片；如果酒店的公共区域有一些书桌、几台电脑，就更要拍照放进相册里了，这对一些商务人士或想要住店时短暂使用一下电脑的人非常具有吸引力。

在拍摄公共区域的时候需要注意，尽量不要拍动物。

对于周边环境模块也要尽可能多拍些照片，至少是十张，但不要用从网上下载的一些图片。有些酒店的周边环境的图片是从网上下载的风景照、公园照片或夜市照片，用户看到这样的照片后，通常就把这家酒店排除了，无论这家酒店真实情况是什么样的。

酒店相册里的图片一定要真实，把摄影师拍得很真实的照片展示给用户，才能传递酒店的真实信息。如果酒店的周边有夜市、风景区、公园、地标建筑等区域，要尽可能展示出来。我曾经因为一辆大巴车照片而预订了一家酒店，那家酒店在成都，酒店周边相册里有一张大巴的照片，大巴的车身上写着"九寨沟大巴乘车点"。试想，如果你是一位去成都旅游的用户，并且九寨沟刚好在你的行程当中，你又不是自驾游，看到这样的图片之后，会不会预订这家酒店？我想大概率会预订，因为图片显示酒店离大巴停车点非常近，乘车特别方便，不需要折腾，不需要早起。

另外，酒店相册里还可以展示酒店周边的商场、品牌店、网红店、美食店、影城、银行等场所，以提升酒店的订单转化率，这些场所展示对一些重视酒店周边环境的用户特别具有吸引力。

3.房型图片。

在酒店详情页的展示中，房型信息通常是篇幅占比最多的酒店信息，房型图片则是用户准备预订时了解酒店客房的最直观的因素之一，由此可见房型信息的优化在平台运营中的重要性。那么，酒店在选择图片作为房型首图进行展示时就要非常用心了。如果房型名称里有山景、湖景、雪山、落地窗等相关词语，房型首图的展示也要与之呼应，这样才能激发用户浏览点击的兴趣，提升预订转化率。如果房型名称中使用了一些场景词，但房型首图却仅仅是一些随意上传的图片，没有体现名称中的场景词，一定会造成客源的流失和转化率的降低（如图5-21所示）。

房型图片的数量不得低于五张，根据我近600多家全国各类型酒店的住宿经验，我发现用户在选择一家店的时候，会大量地翻看酒店房型的图片，所以房型图片尽量不要低于五张，多多益善。如果客房使用了一些比较有特色的设施设备，也可以把该特色设施设备的相关介绍上传到平台上。我之前在成都的时候就遇到过一家

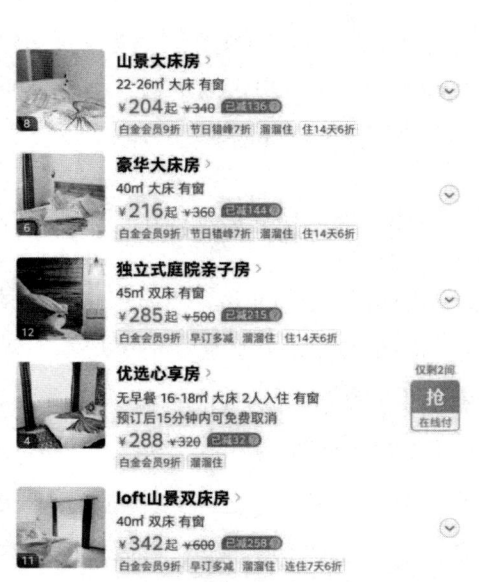

图5-21　房型图片与场景没有搭配示例

酒店，那个酒店的房间起步价就要800元，但我看了这家酒店的房型图片之后，大开眼界，每一张图片看完后都想赶紧去预订，真的是太棒了。

究竟是什么样的图片让我如此惊喜呢？原来酒店的房型图片除了展示房间内部布局外，还展示并介绍了一些设施设备及住客用品，比如床垫、音箱、智能马桶、品牌洗漱用品等。需要注意的是，不要重复展示相同角度的照片，不要遗漏客房的特色场景；可以分别从门口、窗户对角、卫生间、特色细节等方向依次展示。

4.住客晒图。

不要忽视了住客晒图对用户的影响。有一家酒店，用户点评时上传的图片里90%以上都会晒一个东西，就是大白兔奶糖。思考一下，这么多的住客点评传图的时候，都晒了同样一个东西，是不是说明这些用户都喜欢这个东西？这个东西充分引起了用户的关注和喜欢，从大数据的层面分析，是不是会有相当大一部分准备预订的其他用户也同样会喜欢？

因此，住客晒什么，官方相册里面就要体现什么。住客晒大白兔奶糖，官方相册里就多上传几张带有大白兔奶糖的照片；住客晒温馨卡片，官方相册里就多上传几张包含温馨卡片的照片。

四、房型图片拍摄技巧

知道了图片的重要性之后，如何拍好图片呢？酒店要尽可能把想要表达的东西通过图片展示给用户，具体来说，房型图片的拍摄技巧包括以下四个方面。

1.视角合理。

要求：尽可能还原用户进入客房的第一视角，让用户预知入住感受；主次对比清晰，聚焦主体；干净整洁，无杂物；突出层次感，合适留白，提升档次（如图5-22所示）。

图 5-22 房型图片视角示例

2.构图合理。

要求：主体鲜明不变形；不可以使用鱼眼等特殊镜头，确保真实性；床型完整展示，不可以只出现半张床；水平线对齐，无倾斜歪倒；主体呈现比例适中（如图5-23所示）。

图 5-23 房型图片构图示例

3.色彩舒适。

要求：亮度适中，避免太亮或太暗；自然光线及灯光有效使用，突出层次感；避免阴雨天拍摄；使用相机的楼宇亮化和房间灯光效果（如图5-24所示）。

图 5-24　房型图片色彩示例

4.突出特点。

要求：充分挖掘客房亮点，尽可能通过镜头呈现给用户，如海景、泳池、花园等，并尽可能与房型名称呼应（如图5-25所示）。

图 5-26　房型图片突出特点示例

五、图片拍摄其他注意事项

1.一定要请专业的酒店摄影师拍摄。

不能只选价格低的不选拍得好的，要相信专业的力量。不是所有的摄影师都能拍好酒店图，要尽可能选择拍摄过酒店的摄影师，可以让摄影师提供携程、美团、飞猪等平台的作品链接，方便决策是否选用。

2.尽量由同一摄影师完成拍摄。

不同摄影师的审美认知和拍摄手法不同，拍出来的图片会有差别。用户在浏览的过程中，如果发现酒店前后图片差别极大，会失去继续浏览下去的兴趣，从而退出浏览。

3.要在同一季节、同一时段拍摄。

要避免出现补拍的情形，今天来拍几张，隔一段时间又拍几张，这个是非常忌讳的。经常见到一些酒店在百花齐放、绿树成荫的夏季，仍然展示冬天树叶凋零、一片苍凉的景象，这必然很难引起用户的下单欲望。因此，一些季节性极其明显的酒店，可以给外景和公共区域拍两套图片，并在对应季节及时更换。

4.多场景呈现。

在拍完了酒店、客房、公共区域和餐厅之后，酒店可以邀请摄影师再拍一些周边的场景，比如美食街、公园、街道或者购物中心等，上传到酒店的后台，增加备选量。很多酒店让摄影师拍摄完酒店、客房、公共区域和餐厅的图片之后，让员工随意拍摄周边的图片，导致转化率降低。

5.外观尽可能使用夜景外观图。

最佳的拍摄时机是"蓝调时刻"，"蓝调时刻"是指太阳角度在-4°到-6°的时间段，通俗地讲，也就是日出之前和日落之后的30分钟左右。在拍摄的时候，尽可能拉上窗纱并打开房间所有的灯光和亮化，否则可能出现暗块，降低整个图片的质量。

六、图片过审的注意事项

有些酒店请了摄影师，也拍了很多图片，但是却在图片过审时出现问题了，这究竟是什么原因呢？什么样的图片才能快速通过审核呢？

1.规格尺寸等要符合基本要求。

第一，酒店首图的要求是横版图片，竖版是通不过的，这是需要注意的第一个问题。

第二，拍摄的图片一定要清晰，避免模糊。模糊的图片不仅难以过审，即使过审了也不能起到传递酒店信息的作用。

第三，图片的尺寸要符合要求。图片高宽比例太大或者太小、图片文件太大或者太小也都会影响图片的审核（如图5-27所示）。具体尺寸要看对应OTA平台的要求。

图 5-27 小尺寸图片示例

第四，如果图片中添加了电话、官网网址、公司名称、Logo、相机水印、箭头水印、符号水印、文字水印等，都会影响图片的审核（如图5-28所示）。如果图片中出现酒店宣传册或者简介等与酒店场景无关的东西，或者图片中出现马赛克，同样也会影响图片过审（如图5-29所示）。

图 5-28 带水印图片示例

图 5-29　带马赛克图片示例

第五，使用一些手绘图或者效果图做展示图片是不允许的，另外，过度PS也会影响图片过审（如图5-30所示）。

图 5-30　过度 PS 或效果图示例

2.要保证场景呈现完整。

第一,局部场景的照片,比如只拍了一个枕头和半张床的图片,很难过审(如图5-31所示)。

图 5-31　局部场景照片示例

第二,从网站上复制裁剪下来的图片,或者存在黑白边框的图片,都不容易过审(如图5-32所示)。

图 5-32　带黑边框照片示例

第三，出现大面积遮挡的图片，比如后面是酒店，但旁边有大量的树枝遮挡到建筑物，这样的图片也难以过审（如图5-33所示）。

图5-33 大面积遮挡图片示例

3.图片色彩要合适。

如果图片存在大面积暗角，整个图片非常暗，没有灯光，也会影响过审（如图5-34所示）。如果在逆光拍摄的时候，摄影师手法不是特别专业，导致图片过度曝光，也会很难过审（如图5-35所示）。这类图片即便通过了审核，对于用户预订的转化也会起到一定的负面作用。

图5-34 过暗图片示例

图 5-35 过度曝光图片示例

第六章

酒店收益管理

目前被使用最广泛的酒店收益管理的定义是：在合适的时间把合适的产品，通过合适的渠道，以合适的价格出售给合适的用户。这所谓的"五个合适"，就是要做好酒店收益管理，要掌握时间、产品、渠道、价格和用户。

第1节　酒店收益管理的由来

酒店住宿业的收益管理是从航空公司发展而来的。因为人们普遍认为航空公司与酒店产品有一个共同的特征，就是不可储存性，所以当前国内酒店住宿业大部分的收益管理的理论、定义和实操方法都是参照航空公司进行的。

美洲航空公司为了提升订票率及收益，制订了对应的收益管理策略。

主要的定价原理就是距离起飞日期越近，票价越高，越早预订，票价越低（类似于OTA平台推出的"早订多减"活动）。让那些需要乘坐航班出行但又无法或不愿支付高价的用户先购买，让那些愿意出高价或对价格不敏感的用户花高价后购买。这样可以通过低价释放一定的库存从而提升订票率。

美洲航空通过这种方式提升订票率的同时，也面临新的问题，那就是一部分用户预订以后没有使用并且未取消订单（NO SHOW），导致部分座位空置。为了降低这种情况的发生，航空公司又出台了对应的解决方案，对头等舱、商务舱等高价舱位的用户免收或者少收退票费和改签费，对那些预订了经济舱或特价票的用户提高或多收退票费和改签费。这种方式有效地减少了预订以后没有使用并且没有取消的订单。

这些策略一步一步形成了航空业收益管理的雏形，而酒店行业的收益管理就是从航空业这种雏形当中借鉴并引进的。

为了方便我们学习酒店收益管理，并验证酒店收益管理与航空业收益管理的共性和区别，我们首先对航空业和住宿业从消费特性、消费认知、从业印象、竞争替代性、低价策略、价格控制、退订政策、可售库存八个维度进行分析比对。

一、航空业特点

1. 消费特性。航空业的消费属于变频消费，消费者可根据航班班次及自身对价格的承受能力选择是否出行或调整出行方式。

2. 消费认知。在大众整体的认知里，航空业通常是为一部分人服务的。因为航班少而需求多，航空公司可以在几倍范围内调整价格而被大众接受，甚至导致很多人觉得价太高而改换其他交通工具。价高不会被认为是宰客行为，公司也极少因为价格上涨的原因被处罚。在一般印象中，经常乘坐飞机出行属于一部分人可以享受的服务。

3. 从业印象。在从业的要求上，无论是学历、形象，乘务员都具有非常高的标准，都要接受非常严格的考核。

4. 竞争替代性。航空业的总需求可变，因为具有极强的竞争替代性，可替代的工具包含汽车、高铁，消费者可以自驾或改变行程。大众对于这类行程改变普遍都比较接受，比如要去参加一个会议，因为航空公司航班原因无法成行，往往会得到善意的理解。航空业的替代性发生在跨品类之间。

5.低价策略。航空业可以通过降价促销或"随心飞"等活动刺激本不想乘坐飞机出行的用户产生需求。比如中国南方航空、中国东方航空、春秋航空等航空公司推出"随心飞"活动，很大程度上刺激了本没有需求的用户下单。

6.价格控制。价格的频繁浮动不会使原有用户发生变化，且较少引起用户投诉，用户也不会因为价格浮动而改变消费习惯。即使价格上涨，需要头等舱的用户仍然会选择头等舱。

7.退订政策。由航空公司掌握主动权。

8.可售库存。航空公司可以根据季节、节假日或者人流的多少来调整航班的频次。比如在一些旅游城市，旺季调整为每天多个班次，淡季调整为隔日飞。因此对于航空业而言，库存是相对无限的。

二、住宿业特点

1.消费特性。住宿业的消费属于低频消费。消费者在具有明确需求的情况下才会预订酒店，并且这个需求是在特定时间、特定城市下产生的。这也是很多机构在尝试酒店住宿业"随心住"或住宿年卡等模式时都失败的原因。

2.消费认知。在大众整体的认知里住宿酒店属于全民消费的民生产品，很难因为人流量变大而出现规模性的天价酒店，即便出现也会很快被相关部门处罚。2023年，全国最火的城市当属淄博，在五一假期期间，部分酒店因为涨价过高被相关部门要求返还用户部分房费，且涨价幅度不得超过平日的一倍。这在航空业是不会出现的。

3.从业印象。从业的要求上整体偏低,尤其用工高峰或者旺季,对大多数酒店而言,只要符合酒店应聘原则就会录用。

4.竞争替代性。住宿业跟航空业相比具有不可替代性,或者说可替代的极其有限,比如足浴店、网吧等。用户对酒店的需求日期及所能承受的价格都是相对固定、不可改变的。每个城市每天对酒店的总需求量基本是不变的,对用户而言只是选择A酒店还是选择B酒店的问题。住宿业的替代性发生在同品类之间。

5.低价策略。用户对自身所能承受的价格有预期,如果酒店想要以降价的方法在同类型、同档次、同商圈范围内获取更多客源,只会吸引更多可以承受降低以后价格的用户。对于这个类型的用户而言,他付出的成本不会变但享受的服务升级了。原本可以承受未降价之前价格的那一类用户,仍会选择跟他消费能力相匹配的那部分酒店。对于整个城市而言,住酒店的总需求不变,但通过低价竞争会使得酒店整体的收益下降。

6.价格控制。价格的频繁变动会导致已经预订的用户投诉或者退订,甚至在OTA平台上给差评,也会给酒店的前台员工增加向用户解释不同房价原因的工作量。这种情况下还会因为前台员工素质的不同而出现解释偏差的问题,从而对酒店运营造成非常大的负面影响。

7.退订政策。酒店业不具有主动权,即便酒店制订了退订相关的策略,仍会有大量消费者试图通过OTA平台说服酒店满足其不合理诉求,甚至OTA平台会帮助用户说服酒店满足用户的不合理诉求。

8.可售库存。酒店住宿业无法根据季节、节假日或者人流的多少而调整可售房间的数量,也无法因为季节、节假日或人流的多少而降低其租金等固定成本。酒店房间不像啤酒、可乐、矿泉水等快消品,平日每天消耗1000件,但节假日酒店房间的销售量会猛增,这也是为什么酒店更愿意在旺季做活动的原因。酒店住宿业跟餐饮业也是有区别的，遇到旺季、节假日或热点日期，餐饮业不涨价仍然可以获得较多利润，因为餐饮业可以通过翻台率来提升利润。而酒店住宿业遇到旺季、节假日或热点日期唯一可以提升利润的方式就是涨价。

相信大家对比了航空业和住宿业的特点后都能发现，完全用航空业的收益管理方法论来指导酒店行业的收益管理是很难行得通的。关键在于，通过类似航空业频繁变价的方式会丧失提升酒店收益的机会，也会无形中增加酒店工作人员的工作量，并对酒店收益管理人员提出了更高的要求。

第2节　酒店收益管理方法

一、收益方法对比

酒店可以用大部分房间为酒店收益做贡献，用少部分房间做价格预测。具体方法是，通过少部分房型数量的释放，预测当日用户可接受的房型价格对应的房价制高点，让大部分酒店客房以用户可接受价格的制高点出售，从而使酒店收益最大化。因为酒店全日房房间不可再生，一旦低价售出，就丧失了再次销售的机会，所以要尽可能使房间以用户可接受价格的制高点出售。

下图是常见收益方法与本收益方法的对比（如图6-1所示）。

第六章　酒店收益管理

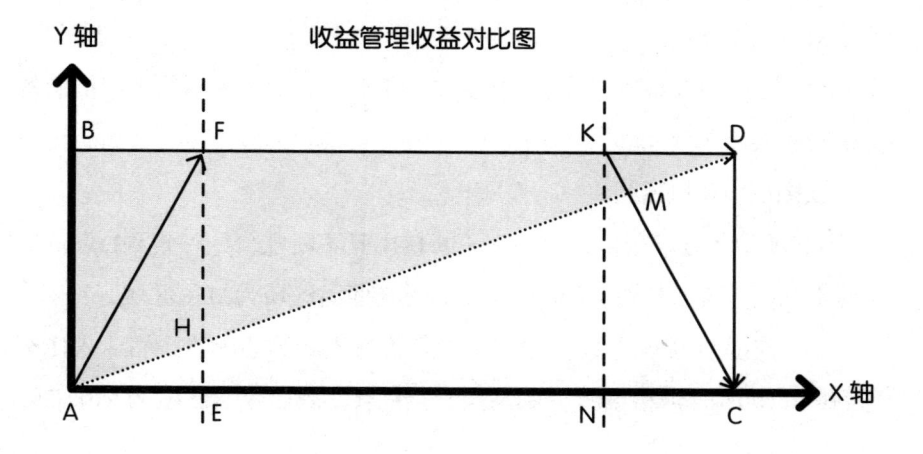

图 6-1　常见收益方法与本收益方法对比

参数说明及对比：

X轴：由A到C，酒店客房不断售出，酒店入住率不断上涨；

Y轴：由A到B，酒店客房不断售出，酒店用户支付价不断上涨；

A点：房间未售出时，酒店展示给用户的支付起步价；

B点：用户可接受房型支付价的制高点；

C点：酒店入住率达到100%的节点；

D点：酒店入住率达到100%且房价达到制高点；

E点：酒店不断涨价并提前销售库存，预测到制高点时的入住率；

F点：酒店不断涨价并提前销售库存，已有部分入住时房价就到达制高点；

H点：交叉点；

K点：房间以制高点价格售出大部分库存后，尚有库存需要出清预备降价（用户预订高峰时段已过且大部分用户已办理入住，尚未出售的房间占酒店整体房间数量30%以内）；

M点：交叉点；

N点：房间以制高点价格售出大部分库存后，尚有库存需要出清预备降价时的入住率。

从图例中可以看到：

a.酒店从A点开始销售，房间不断售出且不断涨价，一直到D点价格上涨至制高点且入住率达到C点100%，酒店收益区域为ADC区域。

b.酒店提前预测到B点，直接以B点价格不断销售出清，酒店入住率达到C点100%时价格维持在制高点到达D点，酒店收益区域为ABDC区域。b比a收益翻一倍。

c.酒店不断涨价并释放一部分库存（在酒店整体房间数量的30%以内），找到了F点，然后以价格制高点售出房间，直至酒店入住率达到C点100%，酒店收益区域为AFDC区域。c比a多收益部分为AFD区域。

d.酒店不断涨价并释放一部分库存（在酒店整体房间数量的30%以内），找到了F点，然后以价格制高点售出房间，但在K点时酒店房间（用户预订高峰时段已过且大部分用户已办理入住，尚未出售房间占酒店整体房间数量30%以内）尚有剩余，然后不断降价（不低于价格红线）售出房间，直至酒店入住率达到C点100%，酒店收益区域为AFKC区域。d与a的收益差为AFKM区域减DMC区域，从图中明显可以看出，d方法收益高于a方法。

二、维持价格稳定

酒店价格应该保持相对稳定，频繁调价只会让员工陷入忙碌而无效的事务性工作中。保持价格相对稳定是最好的对客服务。

相当多一部分的酒店习惯于从低价开始售出房间，通过频繁变价来提升酒店预订量，一些酒店每天变价次数达到几十次之多。比如所在商圈其他酒店涨10元，就跟着涨10元；所在商圈酒店降10元，就跟着降10元，这种方法看似非常合适。无论是职业经理人还是酒店老板也都容易接受这种方法，因为看着房价不断上涨是会觉得舒服的。但这就要求酒店选择竞争对手时极其准确，如果有偏差，就会用偏差的数据进行酒店的经营指导，就会越指导越差。另外，这种方法对负责价格调整和数据分析的工作人员的专业性要求非常高，需要时刻对OTA平台数据进行全程监控并且做出对应的调整。而且每个工作人员对数据的理解不一样，如果这个员工转岗或者离职，这部分工作就要从零重新开始。

通过前面图示的对比相信就能看出来，以这种方式售出的大部分的房间都是被贱卖的。假设一家酒店的某个房型以300元起步出售，但该房型在涨价到380元时仍有成交，意味着之前低于380元售出的房间都是被贱卖了。

价格的不稳定，还会引发一系列的酒店店内管理问题的出现。

第一，用户的投诉。房间价格频繁调整，忽高忽低，可能出现用户刚下完订单，该房型的价格就上涨或者下降的情形。这样会让用户认为这家酒店管理缺失，很容易导致用户对酒店的投诉。

第二，陷入死循环。酒店员工会陷入不断紧盯所在商圈其他酒店OTA数据及价格调整的死循环，稍有不及时就会引来店长及老板的批评。

第三，对于续住用户非常不友好。

因此，酒店在运营过程当中就要尽可能找准用户在当日能够接受的房价制高点，然后让酒店的房间尽可能以制高点价格售出。

如何预测用户可接受的价格制高点呢？

酒店可以在前一日纠偏次日价格，以及根据用户提前预订的订单价格和订单量判断用户所能接受的当日房价制高点。酒店通常需要用

20%～30%的房间进行制高点房价的预测，根据已售房间价格及售出房间数量，在前一日纠偏次日的用户支付价，次日如果不出现流量大幅度变化等特殊情况，就维持价格稳定，无须对价格进行频繁调整；如果出现流量大幅度变化等特殊情况，则按照房价策略对应的具体情形进行调整。

三、成本控制

每个渠道客源支出的成本应该是基本一致的。在该渠道所支出成本的基础上，利润率应该是基本一致的。

例如，OTA平台客源的每月订单量为1000单，平均房价300元，营业额30万元，成本（佣金、推广）支出为45 000元；协议团队客源在带来相同营业额的情况下，成本（薪酬、社保、礼赠、接待、返点、交通等）应该大概在45 000元左右。

四、竞对选择

相信大多数酒店都会根据OTA平台的推荐选择竞对，或者选择同商圈、同类型、同档次的酒店作为竞对，酒店房间的日常价格也会根据这些竞对的调价状况而定。如果某家酒店已经属于所在商圈的头部商家，而每天的经营还在以同商圈的其他酒店的数据作为指导，就相当于一个学霸每天盯着学渣是如何学习的一样，怎么可能让酒店经营得更好呢？酒店的全面经营可不能完全依赖于OTA后台的数据，而丧失了酒店自主控价的能力。因此酒店在选择竞对时，应该选择同商圈、同类型、高一个档次的酒店作为竞对，这就涉及价格天花板的概念。从理论上来讲，流量是无限的，流量无限多的时候价格就会无限高。但在酒店的实际经营过程当中，事实并非如此。当酒店流量无限多，而价格触及到天花板的时候，转化率就不会有明显提升了。这个天花板就是高一个档次的酒店的价格。

例如，某家酒店日常基础房型价格为400元，而高一星级档次酒店的日常基础房型价格为580元。以该房型为例，假设该酒店流量无限大，房间供应相对充足的情况下，这家酒店基础房型价格的天花板就是580元，一旦定价高于580元，用户就会不自觉地流向高一星级档次的酒店。而在市场流量足够大的情况下，该酒店所对应的高一星级档次酒店的价格上涨，则该酒店的价格天花板也会上涨，价格天花板与该酒店所在商圈的同类型、同档次酒店无关。

因为在酒店位置、类型等其他条件相同的情况下，用户支出同样的金额，肯定会优先选择星级档次更高的酒店。

五、价格红线

价格红线，也叫保本RevPAR红线，或叫用户支付价红线。回顾这几年，那些能够生存下来并且生存得比较好的酒店，大多是价格相对稳定的酒店，而不是不断降价的酒店，一个城市转让的、破产的酒店大部分是那些无法保持价格稳定、不断降价而守不住红线的酒店。

因为酒店客房具有不可储存性，所以很多酒店人觉得如果当天没有把房间售出就会造成空置，与其这样，不如以低价出售房间。所有低价出售获取到的订单都会弥补一部分酒店房间空置所造成的损失。从理论上来看，这个说法是不存在问题的，但酒店经营需要进行多维度的考量。

线上OTA平台主要通过大数据匹配用户和酒店，以不同形式对成千上万家商户进行排序，会根据用户的行为、可接受的价格、预订的频率等为其匹配合适的酒店。当酒店的房间价格处在300元左右的时候，平台就会匹配给可接受300元左右价格的用户；当酒店的房间价格在400元左右的时候，平台就会匹配给可接受400元左右价格的用户。

但一些酒店人受客房的不可储存性的特点的影响，常常在尚有大量房间未售出的情况下，就以无节制降价的方法进行售卖。假设一家酒店的房间正常售卖价格在400元左右，酒店选择突破价格红线，无限制地以99元、199元售出房间以挽回一部分空置损失，长此以往，99元、199元的订单量就有可能超过正常400元的订单量。这时，OTA平台从大数据分析和匹配的角度，就会认为这家酒店与那些能接受99元、199元房价的用户更加匹配，从而把这家酒店推荐给这样的用户，使酒店的主要客源发生洗牌和改变，那些原本能接受400元价格的高价值用户就会不断流失。

酒店可不可以降价？肯定可以，但不能无节制地降价，一定要设定价格红线，避免客源发生洗牌。

价格红线的设定方法主要有两点：第一，比入住率与平均房价对应的盈利平衡线高约20%；第二，酒店为平衡其他渠道的价格而不得不设定的最低妥协价。

例如，某酒店共有100间客房，当入住率达到60%，平均房价为300元时，达到盈利平衡线，则该酒店的价格红线可以通过如下方式计算：

第一步，$300 \times 60 \div 100 = 180$元；

第二步，$180 \times 20\% = 36$元；

第三步，$180 + 36 = 216$元。

可以看出，该酒店的价格红线为216元，即用户所要支付的房价不能低于216元。

六、房型占比及价差设定

1.房型占比。

大多数的酒店都无法做到精准设置房型占比，常常在装修完成以后，投入市场里运营时，发现某些季节大床房比较畅销，而某些季节双床房比较畅销。这就给酒店经营造成了非常大的困扰。因此，酒店在装修期间就要把这个问题考虑进去，可以在预计的大床、双床占比的基础上，再拿出20%左右的房间做机动床型。

假设某酒店预计房间数量为100间，大床、双床需求占比分别为40%和60%，则大床房应设置（100－100×20%）×40%＝32间，双床房应设置80－32＝48间；剩余20间设置为机动床型，即可随时由大床变为双床或双床变为大床的房型。

2.房型价差。

我遇到非常多的酒店人经常会问这样一个问题："为什么我经营的酒店除了最低价位的那个房型以外，其他房型基本没有用户预订呢？"其主要原因就是房型价差，或者叫价格梯度出了问题。

如表6-1所示，价格设定1、价格设定2、价格设定3这三个价格梯度哪一个更为合理？

表6-1 价格设定对比

房型名称	价格设定1	价格设定2	价格设定3	价格锚点	价格梯度	尾数定价
普通大床房	239	239	249	5	20	9
普通双床房	259	239	259			
高级大床房	279	259	269			
高级双床房	299	259	279			
豪华大床房	319	279	289			
豪华双床房	339	279	299			

假设你作为一个用户需要一间大床房，但这时你所需要的普通大床房已经售卖完了，或者这个普通大床房并不能满足你的需求，你需要在价格设定1、价格设定2、价格设定3之中选择你需要的备选大床房，你将选择哪个房型？相信大多数人会选择价格设定2或价格设定3的高级大床房。因为价格设定2和价格设定3这两个高级大床房的价格距离你原本想预订的普通大床房的价格最近。

这就是房型价差。在设定房型价差的时候要以创新为主。

口诀一：大床对大床，双床对双床。

当用户最初需要一间大床房而这间大床房不能满足他的需求时，用户会出于本能地优先选择下一级大床房，而不是优先选择双床房来满足他的需要。

同一床型的价差设定：

全日房房型价格在200元以内的，价差10%；

全日房房型价格在200元～300元的，价差15%；

全日房房型价格在300元～500元的，价差20%；

全日房房型价格在500元～800元的，价差25%；

全日房房型价格在800元以上的，视产品而定。

以上是同一床型的价差设定比例，另一种床型的价格穿插在该床型中即可。

非大床、双床的特殊房型价格设定：

家庭亲子房价格＝基础房型价格×1.5；

套房价格＝基础房型价格×1.8。

口诀二：大双同质不同价，双床要比大床贵。

为什么同品质房型的情况下，双床价格要设定得比大床高呢？因为双床的支出成本要比大床高，所以在设定价格的时候，双床房要高于大床房。同品质的双床房在投入的设施设备、布草洗涤、低值易耗品、对客服务上都要高于大床房。如果酒店在运营的过程中出现大床房很好卖，而双床房滞销降价，导致大床房总是价格高于双床房的情况，原因很可能是大床房与双床房的比例不合适。这也是酒店要在装修初期，设置机动房型的原因。

七、价格锚点及尾数定价

"5"这个数字是一个比较神奇的数字。对于大多数用户而言，239元与249元这两个价格在用户心目当中是基本无差的，而一旦越过"5"这个数字，用户的心理就会发生一些变化。我们在日常生活当中看到很多酒店的定价，会出现199元、249元、299元，因为这些商家非常了解用户的心理，他们以"5"这个数字为一个锚点，"5"前面的价格在用户心目当中是一个价格梯队，"5"后面的价格又是另一个价格梯度。

同样的原理，在房型定价的时候，尾数尽可能以"9"结尾。以"6"和"9"两个数字为例，每个以"9"结尾的房间订单比以"6"结尾的多赚3元钱，而用户下单决策的过程当中基本是无感的。假设一家酒店每天是100个订单，那么每天将多收入300元，每个月就是9 000元。

当我们使用上面所提到的价差方法制定价格梯度的时候，如果出现尾数不是"9"的情况，小于5则减，大于5则加。比如，根据价差设定计算出的数据为234元，则该房型可以定价为229元，如果计算出的数据为236，则定价为239元。

第3节　房价预测及调整实操

我把这一套房价调整的方法论称之为"简单式房价调整方法论"。

因为这套方法对酒店员工的要求非常低，无须员工时时刻刻去关注OTA平台的后台数据及竞争对手情况，只需按照相应的内容进行调整即可。

首先我们要明白一个叫"热点事件日期"的概念，热点事件日期是指可预见的、相对固定的、相较于平日流量迅速增长且事件结束后流量又迅速回落的日期。

然后要对热点事件日期进行排查。对于新开业的酒店，因为无参考数据，需要酒店工作人员主动筛查搜集该酒店所在城市及商圈全年考试、赛事、会展等活动的日期并记录。对于已开业一年以上的酒店，可以调取过去一年内（正常经营周期）日营业额排名前60的日期，重点排查这60天营业额较高的原因，确定是否存在热点事件导致流量增长而收益变高的情况，然后记录备用。淡旺季明显的酒店则要调取非旺季每月营业额最高的4天的数据进行排查。

以下则是简单式房价调整的10个实操情形（案例中提及的时间节点及入住率为变量，可根据酒店实际情况进行设定）。

情形一

调价情形：热点事件日期。

调价对象：事件发生前一日及结束当日。

流量情况：流量增长迅速。

价格策略：根据提前预测的价格判断，有预订即提高一个价格梯度，热点事件前一日把价格迅速拉升到价格制高点，同时观察周边满房情况。

具体操盘：

（1）通过价格杠杆预留70%的库存在热点事件当天售卖。

（2）如果当日14点前预订量暴涨，库存快速消耗，则提价一次；如果短时无预订，则保持价格稳定。

（3）如果入住率达到80%以后仍有流量，则保持价格稳定，工作重心转移至接待服务。

（4）工作人员保持敏锐洞察力，在热点事件日期前三天重新核定价格，并建立库存预警机制。

（5）房型限量售卖，实际库存大于5间的限量不高于5间，小于3间的按照实际限量。

（6）如果价格涨到制高点后几乎无预订且预订出租率尚未达到60%，则拉回涨价前的价格。

（7）主题性热点日期，价格要颠倒。比如情人节、七夕节，大双床房型价格互调。

情形二

调价情形：当日首发报表，入住率30%以下。

调价对象：当日。

流量情况：流量不足。

价格策略：价格降一个梯度。

具体操盘：等用户预订高峰时段已过且大部分用户已办理入住后，如果尚未出售房间占酒店整体房间数量30%以内，房价拉到红线价，快速消耗库存。

情形三

调价情形：当日首发报表，入住率30%～40%。

调价对象：当日。

流量情况：稳定。

价格策略：价格长跑，不做调整。

具体操盘：等用户预订高峰时段已过且大部分用户已办理入住后，如果尚未出售房间占酒店整体房间数量30%以内，房价拉到红线价，快速消耗库存。

情形四

调价情形：当日20点入住率70%以下。

调价对象：当日。

流量情况：流量不足。

价格策略：20点入住率仍不足70%，则开始启动首住折扣、今夜特价等针对新客的活动，降一个价格梯度。

具体操盘：

（1）如果20点时未到用户较多，则仅启动针对新客的首住活动，22点时启动今夜特价。

（2）如果20点时大部分用户已入住，则首住、今夜特价同时启动。

（3）关注未来三天价格，如果流量跟当日无差，及时根据当日14点后价格来调整未来三日价格。

情形五

调价情形：当日预估14点前入住率不足30%。

调价对象：当日。

流量情况：流量不足。

价格策略：14点时降一个价格梯度。

具体操盘：

（1）如果20点时未到用户较多，则20点仅启动针对新客的首住活动,22点时启动今夜特价。

(2)如果20点时大部分用户已入住,则首住、今夜特价同时启动。

(3)关注未来三天价格,如果流量跟当日无差,及时根据当日14点后价格来调整未来三日价格。

情形六

调价情形:当日预估不足或热点日期误判,14点前订单量暴增。

调价对象:当日。

流量情况:流量迅速增长。

价格策略:14点前入住率超过60%,提1~2个价格梯度。

具体操盘:

(1)了解当天流量上涨原因,确定是否属于热点日期,并记录。

(2)观察22点入住率情况,并电话联系未入住用户,确定抵店时间。

(3)在预计后续预订量会减少或可能无预订的情况下,价格恢复到首发报表的价格,快速消耗库存。

情形七

调价情形:当日入住率不足50%,次日预订率不足15%。

调价对象:次日。

流量情况:流量下滑严重。

价格策略:红线价格起步。

具体操盘:根据未来三日预订情况对未来三日的价格做纠偏。

情形八

调价情形：连续两日以上，整体入住率为50%~70%。

调价对象：次日。

流量情况：流量下滑。

价格策略：降低两个价格梯度。

具体操盘：后续升价幅度参照价格梯度，非周末及热点日期除外。

情形九

调价情形：连续两日以上，整体入住率为70%~90%。

调价对象：次日。

流量情况：流量微降。

价格策略：降低一个价格梯度。

具体操盘：后续升价幅度参照价格梯度，非周末及热点日期除外。

情形十

调价情形：非正常价格其他客源占比较大，客源结构发生改变，价格在非合理范围内（高于OTA平台数据）。

调价对象：其他客源确认预订后。

流量情况：对流量判断造成干扰。

价格策略：按照平日正常操盘。

具体操盘：

（1）此类客源不计算在预订入住率范围内，其他客源按照以上情形策略执行。

（2）要有应对团房投诉的预案。

以上是酒店在经营过程中常见的十种情形，酒店要根据预订出租率，寻找用户可接受支付价格制高点，预测流量情况，调整价格，做到酒店收益最大化。提前预订情形的存在说明还有一部分有需求但未下订单的用户，潜在地反映了对应日期的用户需求。

这套方法解决了什么问题？

第一，收益最大化。实际上，收益永远无法达到最大化，但不妨碍酒店在各项工作协调的基础上追求收益最大化，实现酒店战略经营目标是酒店存在的根本。

第二，管理便捷化。如果一套方法复杂不便，让团队成员痛不欲生，则大概率是方法本身有问题。

第三，对用户性化。如果酒店的经营策略对用户造成了困扰，而这种困扰需要员工不断去解释，那就违背了服务的初心。

第4节　钟点房的运营

通常酒店人对钟点房的设置有以下几种：有人认为没有必要设置钟点房，因为每天的入住率还不错；有人认为钟点房只需要设置一个大床房就可以了；还有一些人认为设置钟点房只需要在OTA运营当中占领流量入口就可以了。

但实际上，运营钟点房并没有这么简单。

了解钟点房之前要先弄清楚以下几个问题：

第一，什么是钟点房？

第二，什么样的人需要钟点房？

第三，钟点房在酒店OTA运营中对流量和收益有什么影响？

第四，钟点房的价格如何设定？

了解清楚了什么是钟点房，什么样的人需要钟点房，钟点房对流量和收益有什么样的影响，才能够有效地确定钟点房的价格，才能够针对酒店的实际情况设置钟点房。

什么是钟点房？钟点房是解决用户短暂需求，以时段计费的客房。一般情况下，可以限制在1~6个小时内，超过6个小时以半天或者全天计费。以时段计费的客房，就可以理解为钟点房。

一、钟点房的使用场景

1. 夫妻约会看完电影或用餐结束。
2. 一天的劳作结束或家里短暂停电需要洗漱。
3. 参加一些舞会、商务宴会需要化妆等。
4. 参加会议，但因到了退房时间，不得不延迟退房。
5. 临时性行李寄存。
6. 乘坐高铁、飞机前临时性中转。
7. 其他可能的使用情形。

二、钟点房需求较高的群体

第一，夫妻客源。这类客源是钟点房需求最多的一个群体，打开携程、美团或者飞猪等OTA平台进入酒店频道，点击钟点房相关菜单的时候，就会出现热销榜、浪漫主题房等钟点房的入口。之所以有这些入口，从平台及大数据分析的角度来看，一定是因为这类人群对于钟点房的需求更大。

第二，商务会议客源。因为酒店退房时间的限制，参加会议的人员不得不延迟退房，利用客房作为临时休息、行李暂存、会议结束更换衣物的地方。

第三，续住的用户。因行程安排或行程变化，一些用户如果有钟点房需求，会首选前一晚入住过的酒店开钟点房。

三、钟点房对酒店流量的积极影响

钟点房的设置可以在OTA平台给酒店带来更多的流量曝光。OTA平台APP的酒店民宿频道的"查找/查询"页面，一般有专门的钟点房入口菜单。进入到列表页后，有钟点房需求的用户可以通过设置筛选条件，更加便利地选择有钟点房房型的酒店。

需要注意的是，用户打开OTA平台，通过酒店民宿频道进入"查找/查询"页面，点击钟点房时，在打开手机定位或不打开手机定位选择城市的情况下，各OTA平台呈现的页面可能略有不同。

以兰州为例，兰州酒店商家共有3000多家，通过点击钟点房"古风主题"菜单进入的列表页里只有24家酒店（可能会因酒店在数据或设置上的动态调整有所变化）。也就是说，用户通过这个方式想要选择一家酒店入住的所有流量都属于这24家酒店。

那你的酒店在不在这类列表页里面？有没有获得相应的流量入口呢？

四、钟点房的定价

我发现，很多酒店对钟点房的定价五花八门。全日房型价格为200~300元的酒店，钟点房通常出现49元、59元、69元等价格，类似这样的定价除了增加员工工作量、增大客房设施设备损耗外，实在想不到还有哪些好处。有些人可能是想以此占领流量入口，获取更多的订单，但是实际上酒店的成本增加了，收益并没有增加。根据我一直以来入住酒店的体验和运营酒店的经验，钟点房的价格设定一定要与相对应的全日房型的价格挂钩。

首先，可以把钟点房分成两种，第一，新增预订钟点房；第二，续住预订钟点房。

新增预订钟点房是指用户前一天不在本酒店入住，但是今天有钟点房的需求，然后预订了本酒店钟点房的情形。

续住预订钟点房是指用户前一天在本酒店入住全日房型，因行程调整、出行时间变化需要继续住一小段时间，从而预订本酒店钟点房的情形。

新增预订钟点房的定价，要遵循钟点房定价四象限原则，所谓钟点房定价四象限原则，即根据全日房价格区间，来区分用户的接受程度和钟点房的价格比例，从而得出钟点房的合理价格（如图6-2所示）。

房价 150~300 元 5~6 个小时：65% 3~4 个小时：55%	房价小于 150 元 5~6 个小时：60% 3~4 个小时：50%
房价 300~500 元 5~6 个小时：70% 3~4 个小时：60%	房价 500 元以上 5~6 个小时：75% 3~4 个小时：65%

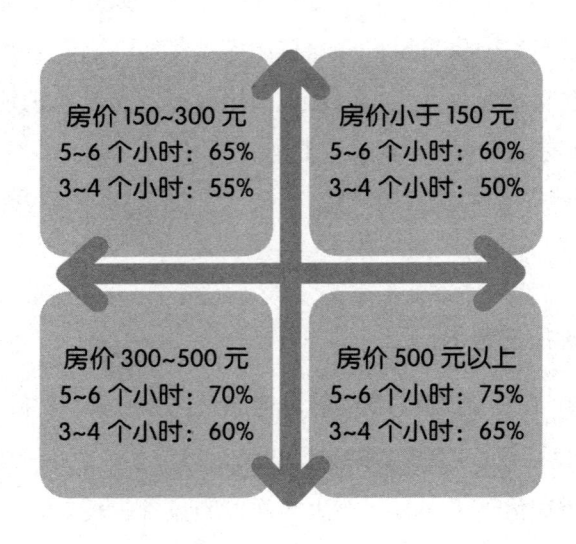

图 6-2　钟点房定价四象限原则

第一象限，全日房型房价小于150元的：

5～6个小时，60%；3～4个小时，50%。

第二象限，全日房型房价在150～300元的：

5～6个小时，65%；3～4个小时，55%。

第三象限，全日房型房价在300～500元的：

5～6个小时，70%；3～4个小时，60%。

第四象限，全日房型房价在500元以上的：

5～6个小时，75%；3～4个小时，65%。

为什么要这么区分？因为每一个价格区间的用户对于价格的敏感度不同，在守住红线价格的前提下，低价格敏感型卖低价，高价格敏感型卖高价。酒店实际运营中既要考虑转化，又要考虑收益。

以上是新增预订钟点房的定价，那续住钟点房如何定价呢？区分新增钟点房和续住钟点房的定价方法之前，先要找出两者之间的区别。

续住钟点房有这几个特点：第一，无须再次跟用户收取押金；第二，可以降低布草洗涤及客耗品的消耗；第三，减轻前台及客房员工的工作量；第四，无须向OTA平台缴纳佣金。因此，续住钟点房的定价以新增钟点房定价（这里的新增钟点房的价格，是根据前一日酒店该房型全日房实际价格计算所得，而不是前台门市价）为基准，整体下降10%～15%即可。

举一个例子，今年我到成都参加一个培训会议，会议结束后的行程是晚上8点30分坐飞机飞上海的航班。因为酒店退房时间是下午1点，从下午1点到晚上8点30分，除去从酒店到机场的时间外，大概仍需要临时停留5个小时左右，预订一间钟点房便成了度过这几个小时的首选。但是，我当天早上向酒店的前台告知我需要续住一个钟点房时，出现了价格分歧，因为培训期间我所入住的房间均是在携程上预订的，当时预订价格是380元。但酒店前台告知我要续住钟点房的话，需要按照前台门市价打折，而不是按照我前一日入住全日房的价格打折，前台所报该房型门市价是480元，同一日携程平台上该房型价格仍然是380元，但携程、美团、飞猪等OTA平台上该酒店所有房型均未上线钟点房。

这种情况下，用户有可能因为时间原因而妥协，仍选择这家酒店续住钟点房，但相信大多数人跟我一样，在这样的沟通下，体验已经开始不好了。这很有可能会影响前一日全日房订单的点评。

续住钟点房是钟点房里成本最低、收益最高的一种钟点房。主要原因有这几点：第一，当前一日已经入住想要续住时，大多数用户会直接在前台预订而不通过OTA平台，酒店节省了佣金；第二，没有新增洗涤成本，因为用户续住的钟点房往往是前一日入住的同一个房间，无须更换客房内的布草、一次性消耗品；第三，这样会提升用户体验，用户不需要折腾，直接在房内休息即可。

因此，对于酒店经营者来说，在市场因素没有大的变化的情况下，以用户前一日预订的价格为基础给续住钟点房定价，是最合理，也是用户最能接受的方法，这样还可以避免前一日订单可能产生的差评。

五、钟点房的房型设置

解决了定价后，钟点房的房型该如何设置呢？

第一，多设房型。不要担心OTA平台界面乱，没有用户会注意这个问题，大床房和双床房均要设置钟点房。

第二，多加时段。3～6个小时多时段覆盖，满足不同用户对钟点房时间的需求。

第三，根据入住率调整钟点房最晚入住时段。如果酒店入住率长期都是80%以下，建议除了热点事件日期或者周末外，把所有的钟点房房型设成23.5小时的可入住时段。但不要设置成24小时，因为设置成24小时以后，就会出现一个"全天入住"标签。如果设成23.5小时，OTA平台就会显示对应的时间段，用户会一目了然地知道酒店钟点房房型的可入住时段。

第四，高价覆盖。在运营OTA平台时讲究流量入口的占领，流量入口占领的其中一项就是价格带的占领。为什么做高价覆盖？因为极少有酒店会关注到钟点房房型的高价格覆盖。你可以尝试打开OTA平台，定位到某个商圈，看钟点房由高价到低价的这个筛选页面里面，极少有高价的钟点房房型酒店。所以，无论酒店品质、星级档次如何，都要进行高价格覆盖，占领相应的流量入口。

第五，守住价格红线。用户比我们更知道他准备花多少钱住一家酒店，所有经营好的酒店一定是不依靠低价竞争的。

第六，以特定群体客源为主。

第七章

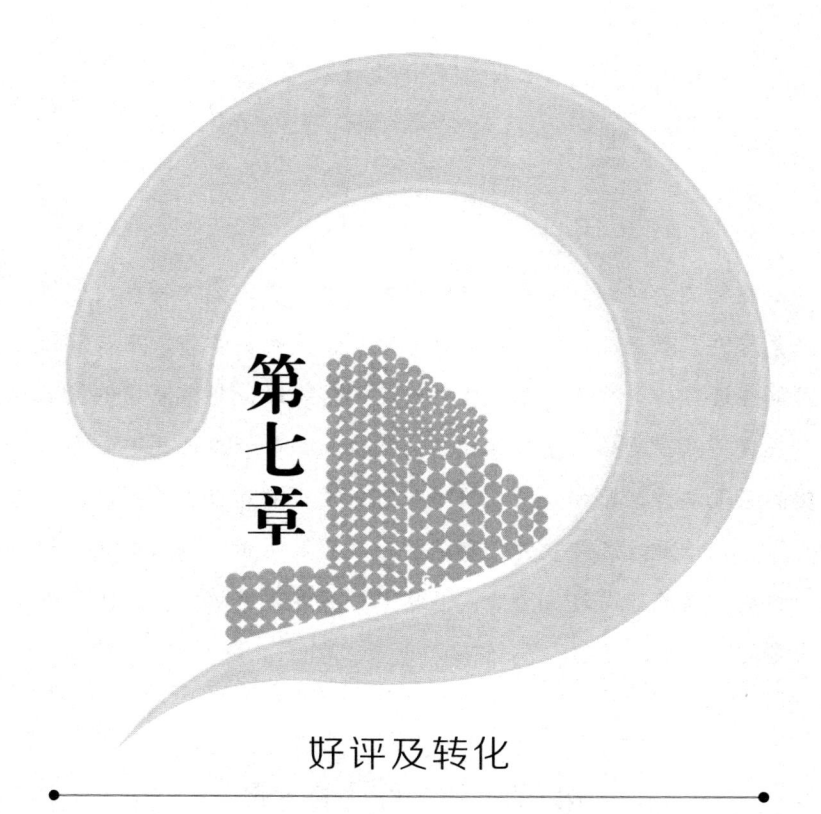

好评及转化

在酒店的经营过程中，点评分的高低会在很大的程度上影响用户预订哪家酒店。一家酒店的评分较低，没有竞争力，用户就很有可能在选择的过程当中，直接把这家酒店排除，导致酒店的流量和订单量下降。当然，用户评分的高低也从另外一方面反映了酒店的实际管理能力。比如，从评价当中可以发现酒店存在的问题，无论是服务、设施，还是软件、硬件，出现问题后都可以从这些评价当中找到一些蛛丝马迹。因此，酒店的评分在运营过程当中就变得非常重要。

第1节　用户好评的转化

一、对好评的定义分歧

首先要弄清一个问题，什么是好评？有人认为打"5分"才算好评，这其实也是很多酒店认为的好评，因为在酒店经营者的心目当中，只有满分5分，才是最想要的好评。但用户往往不这么认为，所以关于好评的定义就出现了分歧，你认为的好评不是用户认为的好评。

给大家举一个例子。我们小区物业公司设置了管家服务，每几栋楼归属于一个管家负责沟通管理，小区或者业主家里发生的大小事情都可以跟他沟通反映，并且大部分情况下都能快速得到解决。每年年底的时候，这个物业公司总部都会进行一次调研，给业主打电话了解一下管家、安保等全年的服务怎么样，并且让业主对他们进行打分。有一次，这个调查电话打给我了，总分10分我给了8分，因为我觉得8分已经很优秀了。调查结束后不到一周，管家找到我询问理由，因为没有给他打满分，导致他年底的绩效被扣了。

从这个例子中可以看到，酒店经营者认为的好评和用户认为的好评是完全不同的。相信很多的酒店经营者都遇到过这样一种情况：

用户离店的时候，酒店方跟用户沟通。
酒店："请问您入住我们酒店还满意吗？"
用户："挺好的。"
酒店："那能麻烦您给个好评吗？"
用户："好的、好的。"
结果最后OTA平台显示用户仅给了4分。

是不是很恼火？用户明明说入住体验挺好的，怎么才给了个4分？因为在用户的认知里，4分就已经是一个比较高的分数了。

酒店想要好评的时候，有没有明确的目标或者对好评的清晰定义？只有目标明确、定义清晰才能有的放矢，才能让员工知道如何跟用户沟通，才能让用户知道他发布什么样的评价内容，酒店才是满意的。

什么才是与客同频的好评呢？比如酒店需要的好评是：5个星星都点亮，至少50个字，配图6张以上。酒店就要把需要的5分好评量化，并且明确地传达给用户。这样才能避免用户觉得已经是不错的评分了，但酒店又觉得是个差评。

二、会给好评的用户的分类

什么样的用户会给好评呢？一定要把这个想清楚，否则酒店前台有时候也会很茫然：用户明明答应给好评，结果为什么没给？为什么用户说了入住体验都很满意，最后给了个差评？

1.升级打怪型用户。

这类用户对自己的携程、美团、飞猪、大众点评等平台的账号等级很在意。每次消费完成后，不论是酒店、美食、景区，还是足浴、美发、购物等，都会点评。而这种升级打怪型的用户，一般情况下账号级别越高，写好评的意愿越大，字数也会越多，图片也会更精美，通常都会评价100字以上，并配6张以上的图片。

我是一个大众点评的LV8用户。我常去外地授课或者做酒店的咨询顾问，住宿通常都是被安排好的，但因为大众点评有"即使没有预订也可以写点评"这个规则，所以我住这些酒店的时候，都会进行点评，并且一般的点评都是200字以上的评价，再配9张以上的图片。遇到我这样的用户，好评转化就非常容易，酒店很容易就会得到一个优质的5分好评。

2.点评控用户。

只要有体验，总想说几句，不说不舒服。这类用户不论是在天猫、淘宝、京东、拼多多，还是大众点评、携程、美团、飞猪，只要消费就要点评，非常愿意把自己的真实体验告诉大家，有可能因为某次消费体验很差而挑出一堆缺点，也可能因为消费体验超过预期而赞不绝口，还可能因为体验平平而寥寥数语、惜字如金，这类型用户跟第一种升级打怪型的用户明显不一样的地方是好评倾向性不强。

3.产品感知型用户。

在用户入住期间，酒店的设施、设备、服务、卫生等某方面，可能会让用户感觉跟其他酒店区别较大。这种感受分两种，一种是好的感受，用户非常愿意写个好评激励一下酒店，把使用感受告知给更多的酒店人；另一种是差的感受，用户在酒店入住期间，各方面体验极差，不吐不快，极想把不好的体验传达给其他用户，以期有更多的用户放弃选择这家酒店。

4.被动转化型用户。

用户可能也没有意识到评分对酒店的运营是如此的重要。酒店经营者通常会被自己在本行业的专业性所影响，错误地认为一些知识很简单，是用户也知道的，但是其实绝大多数用户是不懂的。我在全国开展店长实训营课程的时候，不止一次地调查来学习的酒店人，发现一年住宿酒店超过5次的酒店人仅仅占比不到10%，更何况用户。长期有酒店住宿需求和住宿经历的用户不到10%。我也问过很多周边的朋友，携程列表页酒店名称后面的点赞手是什么意思？美团列表页酒店名称后面的皇冠是什么意思？能够完整表达的人基本没有，但对用户来讲，他们觉得有点赞手和皇冠的酒店更值得信赖。

所以第四种会给好评的用户就属于被动转化型的用户，需要运营者主动与其互动。那些入住体验不错的用户，或许会因为酒店人的主动而给一个好评，那些在入住期间有不愉快的感受的用户，可能会因为酒店人主动沟通解释而转变看法，最后给出一个好评。这样的案例比比皆是。

要始终相信，绝大部分的用户还是持有善意的。

三、好评转化的五种类型

在酒店的实际运营过程当中，有哪几种好评转化的情形？都是如何操作的？我把好评转化分成了五种类型。

1.顺其自然型。

这类酒店的核心思维是爱给不给，酒店也不做主动的转化。用户根据自己的习惯不同，想点评就点评，不点评也可以。在实际的酒店运营中，这是大部分酒店的一种状态，这类酒店的点评分往往不会很高。

2.志在必得型。

这类酒店的核心思维是只要我把服务做好了，用户感受到了，自然会给酒店好评，自信于本身的产品和服务，自信于用户的感知。这类酒店好评转化率也不高，我见到很多酒店就是这样的。其实，这类酒店的运营者的内心活动是："服务都这么好了，用户还有什么要说的吗？他肯定会给好评，他不给好评，肯定也不会给差评。"但实际上往往事与愿违，因为入住体验不满意的用户比入住体验满意的用户更愿意主动发点评。

3.利益诱导型。

这也是好评转化里最常见的一种。酒店通过给用户赠送礼品换取好评，比如通过房型升级、赠送果盘、赠送饮料、赠送钥匙扣、赠送特产等方式与用户谈条件，只有发布好评才可获取相应礼品。因为OTA平台点评规则的改变，这类方法获取好评的能力正在逐渐被削弱。

4.主动出击型。

这类酒店对好评的诉求比较迫切，所以会深究用户不愿意写点评的原因。用户不愿意写点评的原因通常有嫌麻烦、没有素材、没有动力这几种。鉴于此，运营者就主动给用户提供素材，如提前编辑好的文案、提前准备好的图片，添加微信好友后发送给用户，省去用户琢磨内容和拍摄图片的麻烦。

这种方式也会遇到新的情况，有相当一部分用户很在意添加微信好友这件事，如果不能添加，这件事就无法进行下去。这时，酒店经营者要学会使用一些新工具，解决用户担心的问题，达到自己的目的。我在特训营讲过一个工具叫二维码生成器，酒店可以提前把编辑好的文案、图片放在里面，生成一个二维码（转成活码以后每个码可以使用几百次，每次仅需更换内容即可，无须每次都重新打印），用户只需要扫码即可直接复制和下载对应文案和图片。通过这样的方式，酒店可以大大提高用户的点评转化率。很多用户对这类工具的使用也非常好奇，好奇的同时酒店的目的也就达成了。

5.自觉自愿型。

这类酒店把整个好评转化的过程，整理总结成一个连贯流程，从接到订单的那一刻开始，从用户住前、住中，一直到离店都进行流程化的设计，让用户很开心地自觉自愿地给一个好评，不给好评都会不安。这也是转化好评最高级的方式方法。

切记，作为酒店运营者，一定要树立正向经营的理念，不能歧视用户。比如，根据点评的难易程度对各平台用户使用不同颜色的房卡来区分；给非OTA平台的用户安排环境较差的房间；对待低价团队不一客一换；接待年纪大的用户时服务缩水等。在学习酒店管理专业的第一课时，酒店管理的特征里就有一条：酒店的接待服务对象应当大众化，对待用户应无歧视。

四、用户差评的常见情形

用户的评价，不论是好评还是差评，均存在潜在传染的现象。

比如，用户预订并入住了一家用户综合评分比较高的酒店，用户在入住完成后写评价的时候，即便可能产生一些误会或者不愉快，只要在可接受的范围内，仍然会有较大的可能性给出高分。反之，用户预订并入住了一家用户综合评分比较低的酒店，用户在入住完成后写评价的时候，如果对评价考核维度中的"服务"不满意，仅打了1分，即便对"位置""卫生""设施"等其他评价维度比较满意，也不会打出高分。而且会发生一个奇怪的现象，用户会尽可能找出酒店更多的缺点并写在评价里，以期待能够影响到其他想要预订下单的用户。

这样的现象类似"破窗效应"。"破窗效应"认为环境中的不良现象如果被放任存在，会诱使人们仿效，甚至变本加厉。例如，一幢建筑有少许破窗，如果那些破窗不被修理好，可能会有更多的窗户被人故意破坏，人们甚至会闯入建筑内，如果发现无人居住，也许会在那里定居或者纵火。又比如，一面墙上如果出现一些涂鸦，没有被很快清洗掉，墙上就会慢慢布满乱七八糟、不堪入目的东西。

这种现象类比到用户评价酒店可以理解为，如果酒店不及时处理差评中所反映的内容，会诱使那些本来并不是很重视的看过这些内容的用户更加关注这个情况，并极有可能同样给出差评。但是我们要知道，不论是哪种情况的差评，本都可避免的。

接下来，我们一起看看用户给酒店差评的常见情形。

1.入住不符合预期。

过度包装酒店信息，使得酒店实际情况与OTA平台展示不一致。这就会导致用户入住体验不符合预期，从而引起用户不满，出现差评。比如图片非实际拍摄，而是盗用网络图片；或者看到竞争对手拍了一些好图片就下载后上传到自己酒店；或者利用软件对图片过度PS美化；或者酒店实际不存在某些服务与硬件设施，为达到某种目的而在OTA平台上予以展示。这些情况都有可能导致用户投诉或差评。

2.解决问题不及时。

用户在入住期间会因客房设施、酒店服务存在问题或某些需求得不到满足而向酒店反馈,比如因带着小孩、老人而需要某些日常用品,如果酒店处理不及时,用户就会给出差评。

这种情形往往是因为用户致电前台或者客房服务中心后,员工因粗心大意或当时较忙而忘记落实用户需求。针对这类型的问题,酒店需要优化用户问题反馈流程,并且让员工养成随时记录、随时查看的习惯。否则仅凭个人脑力或者经验一定会产生遗漏,从而引起用户不满。

3.解决问题敷衍了事。

对用户提出的诉求,酒店员工处理态度不诚恳、敷衍了事,或者因正在交接班、急于下班就把用户反馈的问题抛之脑后,也会导致用户投诉或差评。有些员工因为长期的不规范处理,形成一种"怎么其他用户都能用,就你事多"的思想,这是极其可怕的,甚至会传染给其他的员工,从而影响整个团队的服务质量。

4.过度承诺,无法满足要求。

为了让用户预订酒店,过度承诺酒店本不存在的设施或者服务。用户预订时,销售人员满口打包票"没问题""放心吧""这都是小事"等,结果用户到店后无法享受相关服务或者设施设备,从而给出差评。比如,机场或者车站附近的酒店承诺预订酒店接送机服务,用户预订时酒店保证健身房、会议室等可以使用,结果用户到店时因为根本没有相关配套服务、设施或设施正在维修而不能使用。

5.虚假信息欺骗用户。

有些酒店为保证能够抢到高流量商圈的流量,恶意篡改酒店导航定位;或相邻但不同类型的酒店互相送客,但酒店价格、星级档次、服务、设施设备等有较大差异,造成用户不满等情形。

下面这个案例就是类似的情况。

我们公司要举办第六届丝绸之路酒店节，因为成本等各方面原因无法派人实地查找入住酒店，所以在去之前在OTA平台筛选了三家当地的酒店，其中有一家酒店因为地理位置、酒店点评分等因素成为我们的首选对象。

我们通过电话联系了该酒店，酒店前台员工接到电话后转接给专门负责团队接待的销售部吴经理。跟吴经理对接的过程中，我们详细询问了是否有可以容纳300人左右的会议室，是否有LED屏幕、投影仪等多媒体设备。吴经理均表示没有问题，并且发送了酒店客房、会议室等区域的图片供参考，同时酒店的网站也显示了酒店有会议室等设施。随后我们就交了5 000元定金，并且预订了该酒店100间双人间、20间大床房和两天半的会议室。

但万万没想到的是，在会议准备召开前一周，我们要进行会场布置而到达酒店现场查看情况时，发现会议室非常小，仅能容纳150人左右，跟当时销售部吴经理提供的图片出入非常大，完全达不到举办第六届丝绸之路酒店节所需的300人会场的要求。

交涉无果后，因为时间紧迫，我们最后只能选择在旁边酒店找了会议室，但仍然给第六届丝绸之路酒店节的会务工作带来了非常大的困扰。

可想而知，经过这件事情，我们以后很难在有需求的时候选择或向朋友推荐这家提供虚假信息、过度承诺、置用户实际需求而不顾的酒店。差评和不好的种子就这样种在了用户的心里，而这些本都是可以避免的。

综合以上几点，我们要清楚地知道，酒店运营要尽可能提供优质、性价比高、符合用户实际需求和预期的产品及服务，并及时处理用户在评价中所提及的或用户未提及但自身存在的问题，尤其不能放任用户在评价中多次提及的问题，避免对以后的用户下单造成影响。

那针对用户给差评的这些情形，酒店应该如何避免？应该如何通过产品和服务打动用户，让用户给酒店更多的好评？这就需要酒店从用户下单一直到用户离店持续关注用户，让用户从下单起就能够感受到酒店的服务。好评转化五步曲就是涉及住前、住中、住后如何提升用户体验，转化更多好评的方法论。

第2节　好评转化五步曲

关于如何提高好评转化，根据前面的内容，相信你已经知道了关键点：酒店需要与客同频的、用户自觉自愿的好评。

这里先分享一个案例。

在深圳的一家酒店，管理者叫谭姐。有一天谭姐给我发了一个信息，她说："常老师，我交个作业，您看一下这个作业能不能及格。有些事项还没有优化好，多谢您的指导。"

什么作业？印象中我从来没有给她布置过作业。然后她就给我发了一张图片，是HOS指数基础分满分5.0的图片，然后她又给我发了一个美团酒店的链接。这时候我仍然没有多想，毕竟HOS达到5.0、点评分达到5.0的酒店还是比较常见的。但是我马上又觉得不对，既然发给我，肯定是想说明什么，然后我就去翻之前的聊天记录。看完聊天记录我感到非常惊喜，因为初次沟通时她发的截图（谭姐参加特训营时需要发学习之前酒店的现状截图）显示点评分4.1分，当时的评价条数是1142条，经过不到4个月的时间，点评分达到5.0分，点评条数达到了5377条，HOS指数5.0。我就很好奇，问她："你是怎么做到的？"她说："其实酒店硬件不是很好，这么快速的增长主要还是因为运用了好评转化五步曲。"

这里提到的好评转化五步曲，是以提高酒店OTA用户综合评分为基础，通过在住前、住中、住后给用户提供更多酒店优质服务，带来更好的用户体验的方式，期待用户在入住结束之后给予酒店5分优质好评，并促进酒店服务提升、团队协作、产品改善的方法论。

这个方法分为五个环节：预订有反馈、入住留渠道、客诉有态度、服务有温度、离店有祝福。五步环环相扣，层层递进，缺一不可，贯穿于用户的预订、入住、体验、离店等住前、住中、住后整个过程。

一、住前：预订有反馈，下单即产生服务，降低取消率

首先要建立一个认知：用户下单即产生服务！酒店在收到用户订单的时候，就要有意识地与用户建立联系。大多数酒店都是接到订单后坐等用户到店，用户到店之后才开始沟通，即使出现用户取消订单或找不到酒店位置等问题也不闻不问。这样无形中会降低用户体验，增加订单退订率。因此，用户下单后，酒店及时进行跟踪核实，并且询问、记录、落实用户需求，就显得尤为重要。关于下单即产生服务，我根据多家酒店运营经验总结出了接收订单后的六个沟通重点。

1.自报家门。

预订部或者酒店前台（相应岗位人员）接到订单后，可以从后台获取订单转接电话、用户姓名、入住日期、入住房型等信息，然后要在2~5分钟打电话给用户。

致电流程：自报家门，简要介绍酒店名称，本人所在部门，姓氏称呼，与用户建立联系。

举例："××先生，您好，我是××大酒店预订部常××，您叫我小常就可以了。"

2.核对预订信息，降低用户损失。

在进行了第一步之后，要与用户进行信息核对。主要核对用户所预订的房型、入住日期、入住天数等相关信息，避免因用户手滑或者疏忽导致预订信息与实际入住不匹配的情况。

举例："刚收到订单，您预订了本酒店的豪华标间一间，×月×日入住，跟您核对一下。"

有一次，有几个朋友来兰州，我下午3点左右就预订好了酒店，晚上11点聚餐结束后一起前往酒店办理入住。到达该酒店后前台告知当天预订的订单都已经入住且酒店已经满房，无法查询到我们的预订订单。这是怎么回事呢？原来我在预订酒店时把入住的日期选错了，订成两个月之后的房间了。因为作为酒店人，我通常有一个习惯就是查看远期的成熟房价，看后又很少主动调回当天的日期，预订酒店时通常又是在默认情况下进行，导致出现了这个错误。最终我只能无奈退订，然后一行人重新选择酒店入住。

如果酒店在接到订单的时候主动打电话核对用户姓名、入住日期和房型，就可以避免这样的情况发生了。

3.特殊需求记录，个性化服务常态化。

核对完用户预订信息之后，要询问用户的特殊需求。假设用户是女士，可以询问是否有无烟房需求；商务人士类用户，可以询问是否有办公、传真、复印等需求；亲子类的用户，可以询问是否有小孩玩具、小孩用品等需求；有一同出行的老人，则可以询问是否有轮椅、放大镜、助听器、隔音耳塞等需求。然后，酒店要根据用户需求提前做准备。

举例："好的，没问题，酒店已经确认给您留房，请问您对房间有什么其他需求吗……"

4.关注到店时间，提供抵达交通方案。

要培养敏感的用户洞察能力，从以上与用户的沟通谈话中寻找有用信息，重点信息还要进行记录。然后，酒店要询问用户大致抵店时间，关注用户到店时间有两个目的：第一，方便酒店对房间做出排房预测，做好入住高峰时段预案缓冲，避免出现入住高峰期工作人员配置、服务不到位等问题；第二，如果用户没有按时抵达酒店，可以再次进行确认。完成了这个步骤后，可以根据用户信息向其提供到店交通方案。

举例："请问您大概几点到店……我给您发一下酒店位置，可以方便您直接导航过来。"然后添加用户微信并提醒其通过验证，如果用户属于微信低频使用用户，可以先记录其联系方式，之后通过短信等方式建立联系。

关注用户到店时间，据此合理配置工作人员，是避免差评和提高人效的重要步骤。

5.发送酒店位置，方便导航定位。

根据第4条获取到的用户联系方式，酒店可以通过微信或者短信等方式，发送酒店位置，并且在信息中呈现"请务必保留此条信息，方便您随时联系到酒店"等内容。

以自驾到店用户举例："尊敬的××，您好，感谢您预订××酒店××房间1间，房间已经为您保留，请勿着急。您所在的位置距离酒店大约40分钟车程，并且途中有多处测速，其中××段到××段限速70公里/小时，车多人多，请注意行车安全。××酒店期待您的入住。请您务必保留此信息，方便您随时联系到酒店。祝您旅途愉快。"

6.录入用户信息，完善用户档案。

把获取到的用户信息录入用户档案，包含联系方式、特殊需求等。

为什么预订有反馈这么重要呢？看看如下的评价就知道了（如图7-1所示）。"房间很小……前台电话都没人接，不提前给用户打电话询问到店时间"，这样真实的用户反馈，会给后面想要下订单的用户提供参考，最终也会影响到酒店的好评率。同时，预订有反馈也会降低用户的订单取消率。

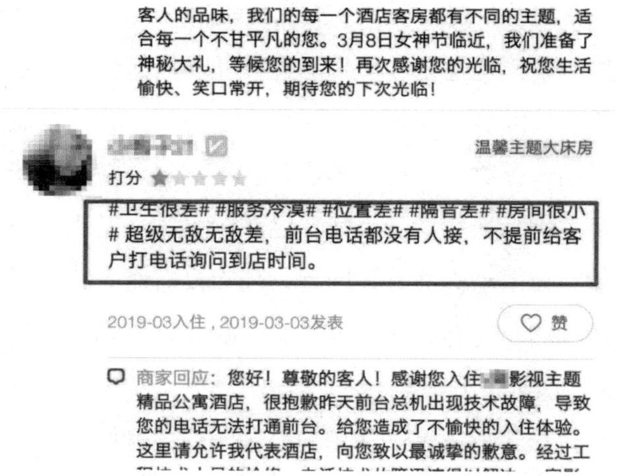

图7-1 ××酒店用户评价示例

或许会有人问："所有的用户都愿意留下联系方式，或者添加微信吗？"这些疑问我在日常的培训中经常会被问到。其实不然，有些用户会设置黑名单导致无法接通，有些用户可能在旅途当中错过电话，还有一部分用户怀疑是骚扰电话而直接挂断，这些情形都是存在的。假设我们联系了100个用户，接通了80个，最终有50个用户跟酒店建立了联系，从这个角度考虑，至少我们提前为50个用户提供了服务，获得了50个用户的好感，而对于没有联系上的其他用户，我们可以在办理入住时或在入住期间创造建立联系的机会。但是如果我们一个都不去联系，就相当于连这50个用户都放弃了。

二、住中：入住留渠道，不放过与用户建立联系的任何机会

入住留渠道指的是用户来到酒店办理入住时，酒店要留下与用户沟通的联系渠道，这样可以为用户提供更好的服务，联系渠道包含电话号码、微信等。

我因为经常出差，曾经一年入住了189家酒店，有些行程时间非常的紧张，不可避免地出现过很多次物品遗留在酒店的情况，这些物品包括衣物、充电器、洗漱包、剃须刀、鼠标、手串等，但基本没有一家酒店主动联系我归还遗留物品。这些酒店包含了从经济型到五星级酒店的各种档次，甚至有国际连锁酒店。我自己想起主动联系酒店后进行归还的占到了大多数，在主动沟通时，问到为什么没有联系我时，酒店给出的答案基本都是："没有您的联系方式。"我想这些酒店一定是预订有反馈和入住留渠道两个环节做得不好。

当然，小体量酒店还可以在用户办理入住的时候提供管家服务，所谓"管家服务"并不一定是要安排一位管家进行服务，而是在用户入住期间酒店所能提供的一些贴心服务。具体可以按照如下方式操作：

首先建立微信沟通群，群内人员一般包含用户、前台的员工、管家本人、客房部员工等。群名修改成日期+房号+用户姓氏的格式，这样在提供服务的时候，能精准地对应上用户信息。建群后，就要给用户提供一些关键信息，如周边美食、购物娱乐、交通位置、旅游景点等，这些一般都是用户关注的常见信息（如图7-2所示）。

比如这个酒店,建了一个"09058118王先生私人管家服务"群,09058118就是日期+房号。酒店先欢迎王先生入住,之后给他提供了一些到达酒店的交通信息(如图7-3所示)。这个小小的举动,为用户省去了查询交通、购物、景点等信息的麻烦,也减少了员工交接班的工作量。所有此用户入住期间的相关信息均可在群内了解,用户有服务需求或吐槽的时候也有了渠道,而不会直接去给差评,这相当于建立起了一道用户与差评之间的缓冲桥梁。

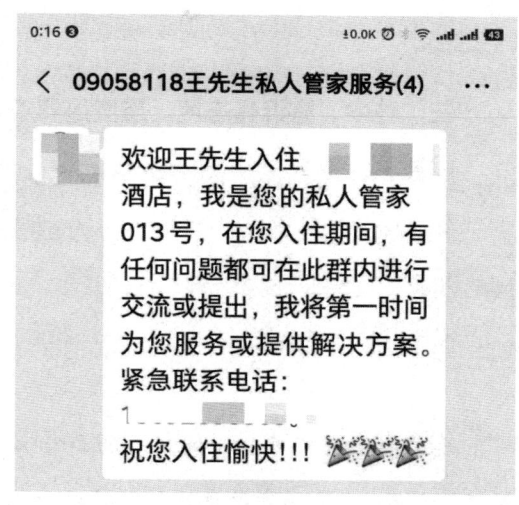

图7-2 微信沟通群示例

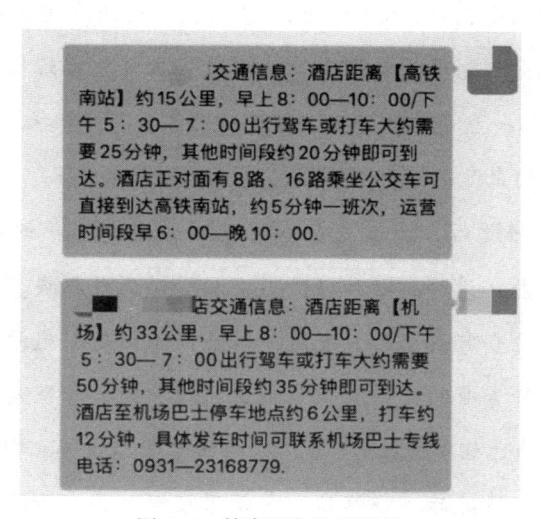

图7-3 管家服务沟通图示

三、住中：客诉有态度，态度是解决差评的前提

用户入住期间产生的大大小小的投诉及要求，酒店都要及时、认真、诚恳地对待，放大用户投诉行为提级进行处理，对多次投诉尚未处理的以最高规格处理。

这里分享一个案例。

我曾经为一家开业时间不长的西北××旅游城市的酒店做顾问，当时正好处于7月份高考结束后的旅游旺季，可以说每天都是满房的状态。某用户预订了7月20日的一间"豪华套房"，该房型配套有客厅和卧室，客厅和卧室相连，且各配备有一台电视机。在入住当天晚上9点左右，用户打电话到前台说卧室的电视不能观看，要求查看解决。

后来从用户给出的评价中得知，在用户入住期间问题还是没有解决，但用户却给了5.0的高分好评。用户在评价内容里说："订了个套间，老婆很满意。电视虽然看不了，但服务人员积极维修，最后尽管没解决，送了我们一盘葡萄为补偿，服务很满意。有停车场。"

这期间我们究竟是如何进行处理的，一起来看一下。

用户反映问题后，我首先安排客房员工进行简单的电源、线路连接等情况的检查，排除打扫客房时不小心触碰到电源线、插板等基本问题。客房员工检查完成以后，发现并不是以上问题引起的，然后通知工程维修人员进行专业的检查测试来确认问题原因，结果是由电信宽带问题导致的，因为已经是晚上9点多，这个问题并不能够立即解决。客房员工向用户说明了情况后，虽然用户表示了理解，并表示没关系，不需要

维修了，但我们并没有止步于此，而是要求店长亲自上门说明身份并赠送了果盘来表示歉意。

或许在这一步很多人认为我们已经做得足够好了，毕竟已经得到了用户的理解，但我们仍然对该房间进行了记录，并告知了第二天的值班经理及前台人员，在用户退房的时候值班经理再次进行了致歉。

我相信看到这里，大家应该觉得算是万事大吉了，已经做得足够好了，而且用户已经离店了。但第二天与电信工作人员沟通并现场解决完成后，我们仍然致电已经离开的用户，反馈了维修结果。让人惊喜的是，用户旅游返程的时候，毫不犹豫地又选择入住了我们酒店，并且之后也给出了5分好评。

通过这个案例可以看出，产品和服务是好评的基础，而态度是解决差评的前提。对于用户反馈的问题，哪怕是一点点小事都要引起足够的重视，"服务无大事，服务无小事"说的就是：服务行业的工作人员每天遇到的都是看起来芝麻小的事，没有大事可言，但同样的，把每天遇到的一件件小事都当成大事去做，才是优秀的服务，才能成就专业的酒店人和强大的团队。

与用户建立联系的目的是什么？一个重要目的就是降低用户取消订单的概率。很多时候，酒店会发现用户预订了一间房，不到10分钟又取消了订单。如果酒店在流程设计上加入对所有预订订单的及时跟踪，主动地跟用户打电话沟通，用户极有可能因为沟通电话而放弃取消订单的念头。

我在运营一家酒店的时候，有一天接到一个订单。接到订单之后的5分钟内，员工给用户致电沟通，用户明确表示本想把这个订单取消掉，因为距离他想去的地方还有几公里，但是他又说入住这么多酒店，从来没有哪个酒店主动打电话询问过他到店的时间及入住的一些特殊需求。沟通期间，员工顺便还给用户介绍了一些在当地旅游的注意事项，推荐了必打卡的网红餐厅等，最后用户放弃了取消订单的想法。

通过这件事情就可以发现，其实很多时候通过跟用户的沟通和交流，是可以降低取消率的。

四、住中：服务有温度，用户需要的仅仅是被重视的感觉

服务体系相对完善的星级酒店一般都会提供夜床服务，这仍然是一项在用户入住期间酒店应该提供的服务，但对于单体酒店而言，因为一人多用、一人多岗等情况，可能没有富余的人力做夜床服务，但仍然可以在用户入住后，做到住中关怀。

经历了用户电视不能观看的事件之后，我运营的不能提供夜床服务的酒店都要求酒店员工在晚上7点到9点之间进行每个房间的电话回访。

回访内容包括：关怀询问，询问酒店的设施设备是否合适、客耗品是否够用、免费饮用水是否够喝、电视信号是否正常；及时记录，询问过程中要及时记录用户的需求；跟踪落实，在电话回访后，要对用户提出的需求及时跟踪落实，否则可能适得其反，导致用户差评；询问满意程度，待需求得到满足后，还需要去询问用户的满意程度，不满意则继续改进（如图7-4所示）。

与其等用户提出需求，不如主动出击做好住中关怀，同样的事情、同样的付出，会得到完全不一样的结果。

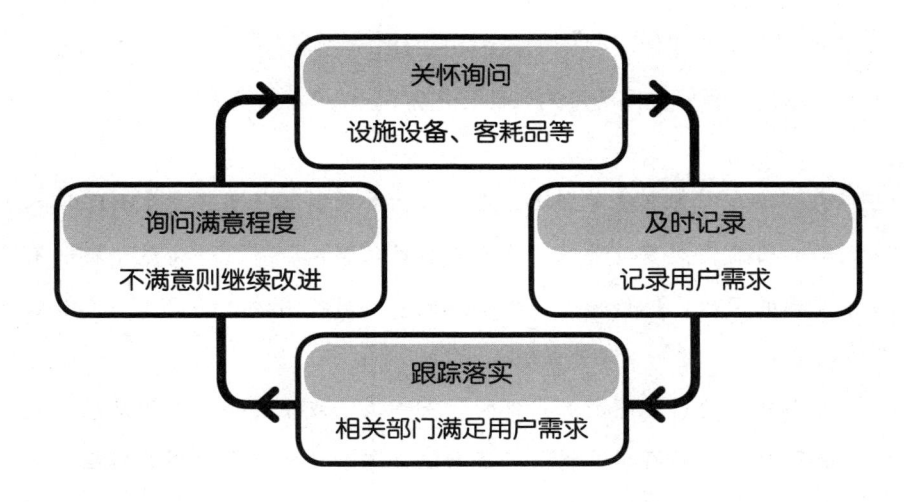

图 7-4 电话回访的四个流程

五、住后：离店有祝福，人走茶不凉，用户还回来

知道了住前、住中该做的事情，可能很多酒店就会认为万事大吉了，认为用户离店了之后，服务就已经结束了。其实不是！用户离店的时候，酒店还可以发一些感谢、祝福、温馨提示类信息，这样可以给酒店带来很多的复购订单并提升酒店的口碑，尤其对于旅游类的用户，在一般情况下，用户回程时很有可能仍然从当地返回。

离店有祝福，人虽离店但服务还在，说不定为酒店带来下一个订单的就是服务过的上一个用户。

第3节 好评转化实操案例

前面的内容讲解了什么是好评、如何提升好评，还详解了好评转化五步曲中住前、住中、住后如何跟用户建立联系，提升酒店的好评率。下面分享几个我真实经历过的好评转化案例。

相信很多人都有这种经历，在餐厅用餐的时候，服务员沏好了茶水拿到你的面前，大多数情况下你会直接饮用茶水，不会觉得这个杯子有卫生方面的问题。但如果这个杯子是包装好后提前放在餐桌上，大多数的人都会用开水烫一下才开始使用。

这个情况的出现还挺有意思的。有一次，我跟兰州一个酒店的朋友自驾去张掖为一家酒店做顾问，在高速上聊怎么才能解决用户对酒店烧水壶和茶水杯卫生问题的顾虑。大多数的用户都会出于本能地认为酒店的烧水壶和茶水杯不干净，但如果提供的水是用暖水瓶装好的，用户就不会觉得有卫生方面的问题。我突然间就醒悟过来了，顺着这个思路，找到了用暖水瓶解决用户顾虑的方法。

我的这位朋友执行力也特别强，他当时就在京东上下单，给自己的酒店买了20个可以保温20小时左右的暖水瓶放到自己的酒店。

他具体是怎么操作的呢？

在酒店大厅设置一个茶水间，相当于酒店的热水是集中供应的，员工闲暇时间把暖水瓶全部灌满。用户办理完入住以后10分钟内，由酒店管家拿一个灌满热水的暖水瓶，配上具有兰州本地特色的三泡台，送到用户房间。结果奇怪的现象就出现了，用户的体验非常好，并且用户在客房里基本上都不烧水了。原来酒店给每个房间配的是五瓶矿泉水，用了暖水瓶以后，用户使用矿泉水的量都在减少，并且用户在房间烧热水的这个环节基本上消失了。

住过酒店的人都有一个经验，如果在酒店要喝热水，会先烧一壶，把烧水壶和茶水杯烫一下，这个行为无形中增加了酒店的用电消耗，但是提供装满热水的暖水瓶却有以下几个优点。

第一，解决了用户感觉烧水壶和茶水杯不卫生的问题。

第二，解决了反复制热的问题。因为暖水瓶是保温的，用户在入住期间暖水瓶的水几乎都是热的，而不会出现用户入住期间烧了一壶，倒了一杯，等了一会儿凉了，然后又重烧的情况。

第三，增加了与用户的沟通机会。很多酒店总是在减少跟用户沟通的机会，比如免押金、甩卡走人等服务。减少与用户的沟通机会，就是堵塞用户的反馈渠道。

第四，展示了酒店的专业能力。我在甘肃农业职业技术学院大学授课期间，常跟学生们说，酒店行业是一个具有仪式感的行业。当服务员优雅地拿着托盘，把暖水瓶和兰州三泡台送到用户房间里面的时候，跟用户说："您好，这是特意为您准备的暖水瓶和兰州特产三泡台，请您慢用！"出门的时候说："祝您入住愉快。"用户会有什么反应？用户享受了这样的服务和体验，还会吝啬一个好评吗？

第五，避免了一些潜在的风险。比如一家人出行，夫妻俩带着一个小孩，小孩通常比较好动，很有可能不小心把刚刚烧完热水的热水壶给打翻，甚至被烫伤，从而给酒店带来麻烦。暖水瓶就解决了这个问题，即便把这个暖水瓶放倒在地上，水也不容易溢出来。

通过这个案例能得到什么启发呢？

第一，不能减少对客户的服务机会。

第二，多站在用户的角度思考用户关心和担心的问题，然后提供相应的解决方案。解决问题的方法有很多种，最有效的一种是多问问题，学会问问题，就会发现问题的答案就在问题当中。

另一个我亲身经历的案例也非常有意思。

一家成都的四星级酒店，有近200间客房，携程的点评条数有15000多条，点评分4.8分。我当时之所以选择这家酒店，是因为在成都参加完一个酒店行业论坛后打算继续玩两天。作为一个酒店人肯定要选择一家能够参观和学习的有特点的酒店，然后我就在携程上预订了这家酒店，像往常一样，打车到酒店办理入住，然后出现了下面的场景。

前台："先生您好，我看您订的这个房间是不含早餐的。"

我："是！"听到这句话多少还是有点不舒服的。

前台："我们酒店现在有一个活动，不知道您想不想参加一下。"

我："什么活动？"虽然有点儿好奇，但是我仍然表现得相对冷淡。

前台："如果您发一个朋友圈，我们可以给您的房间送两份早餐，我们的早餐一份是58元钱。"前台说完这句话我还是有点儿心动的，心动的主要原因是这两份早餐的价位比较合适。

我："发什么内容呢？"

前台："您加我这个手机号的微信就可以了。"

微信加上以后，前台给我发来了一个10秒的小视频素材。

相信大多数人跟我一样，作为用户是非常不愿意发带广告营销类的朋友圈的，每次遇到酒店有这样的要求都会毫不犹豫地拒绝。但这家酒店的素材，我还是忍不住进行了分享。因为酒店要求这条朋友圈的文案仅发"川西特色酒店就在宽窄巷子旁边"，并且提供的10秒的短视频也极其简单，只是酒店场景配一点儿轻音乐。发这样的内容，根本没人会当成一条具有营销性质的朋友圈，或许会觉得是你自己拍摄、剪辑并发布的。

我相信设计这个环节的酒店领导层也很清楚，仅仅通过这个文案就想给酒店带来订单的转化，基本上是不可能的。

因为视频和文案里面都没有出现酒店的名字、电话，也没有订房相关的活动，那酒店为什么要这么做呢？这个问题才是思考的关键！

发完朋友圈以后，前台也办好了入住手续。

前台："常先生，您的房间在六楼615，这是您的证件、房卡和早餐券，请您收好。早餐厅在一楼左手边，用餐时间是早上7点到9点，房间Wi-Fi密码是8个8，账号就是您的房间号。"

我："好的，谢谢！"我正要准备上楼去房间的时候，又被前台叫住了。

前台："常先生，酒店给用户准备了晚安牛奶，不知道您是否需要，如果需要的话，晚上给您送到房间。"

注意，前台没有问我大概几点方便，为什么没有这样问？这里很好地规避了一个投诉点。假设用户回答9点，无论送早了还是送晚了都有可能受到用户投诉，甚至好心办坏事，招来差评。毕竟酒店客房数量太多，夜班员工人手又非常有限。

相信很多的酒店人都遇到过这种点评内容："答应的水果盘也没有送；本来说好的9点，结果睡觉了还在那里敲门。"所以不要刻意询问送达时间，避免出现差评。

前台："常先生，给您再送两张酒店的小吃券，下午2点到5点之间可以在一楼餐厅使用。"

我："什么小吃券？"我心里已经泛起了嘀咕，我订的房间好像没有这个服务内容。

前台："我们酒店是一个美食酒店，这个券里面包含有十多种成都本地小吃，包括成都担担面、炸酱面、酸辣粉、南充米粉、蛋糕、汤圆、豆腐脑等，只要在约定的时间内就可以免费任选三种。"

经过短暂的几分钟办理入住的时间，我对这家酒店的好感度就拉满了，已然悄悄地种下了一个给优质好评的种子。

办理完入住到了房间，正好到了供应小吃的时间，打算去尝尝。去到一楼餐厅，有十来种小吃摆得整整齐齐，面条随吃随点，酒店的这一系列做法让我陷入了沉思，为什么要这么做呢？最后得到了答案，仅提供早餐的酒店，给厨师和餐厅员工发的工资是固定的，早餐厅的厨师和员工在用户用完早餐后，除了做员工餐外，通常就可以下班了。酒店为了让餐厅厨师和餐厅员工发挥更多的效能，给用户带来更好的体验，就设计了这样一个环节。而且设计这个方案的管理者非常聪明的一点是，小吃券的使用时间在下午2点到5点，而OTA平台离店用户可以发布点评的时间是离店当日下午2点以后。这个时间可以在店内就解决一大部分好评的问题，尤其对于那些下午5点以后办理入住的用户，要想体验小吃，只能在离店当日享用。

吃完小吃以后，我的感受也很好：第一，小吃没有糊弄用户，每一份成品做得都非常精致，味道非常好；第二，一些用户因为好奇不自觉地拿出手机拍照时，酒店员工会温馨提示"小心别烫着"等，相信会有相当一部分用户拍照发到朋友圈、抖音、微博等平台，从而形成非常好的宣传效果。

从办理入住到体验完小吃这段时间，我已经对这家酒店产生了极其浓厚的兴趣和好感。

酒店设计了这么多的环节，提供了这么多的服务，我也很好奇最后酒店如何搞定好评，虽然心里已经确定要给这家酒店一个5分优质好评了。

第二天到了退房的时间，我收拾好行李乘坐电梯到了一楼前台。

我："615退房。"

前台："好的，常先生，不知道您在我们酒店住得还满意吗？"

我："还挺好的。"

前台："有没有什么意见或者建议给到我们酒店，方便我们改进，可以做得更好呢？"

我："让我想一下，好像没有。"

然后前台开始操作退房。

前台："常先生，这边给您准备了一个离店小礼物，您选一下。"

我看了一下礼物，都装在一个竹篮里，篮子底细心地包着一层带有蕾丝边的棉布，里面放着一个带有包装盒的川剧变脸娃娃，其他的是几个没有包装盒的小小的钥匙扣。这些礼物摆在眼前让用户去选，绝大多数人一定会选带包装盒的礼物，酒店运营者的内心深处也明确知道，大部分用户一定会选择那个带包装盒的川剧变脸娃娃。

我相信这些内容是酒店设计好的，在其他章节我也说过，影响转化率最重要的因素就是人性，这家酒店做得特别到位。不提任何条件先送礼物，即便入住期间有不满意的情况存在，相信也很少有人能够拒绝这样的诱惑吧。

我拿到礼物准备要走的时候，前台服务员又把我喊住了。

前台："常先生，酒店还有一个活动，您要不要参加一下？"这个时候我的好奇心就被引起来了，心想自己都已经要离店了，还有什么活动呢？

前台继续说道："活动是这样的，酒店有一个好评送20元话费的活动,马上就要截止了。"

我:"有什么要求吗?"

前台:"也没有什么要求,您只要发50字以上的评价附带5张图,并且点亮5颗小星星就可以了。"既然我在这家酒店各方面入住体验都还不错,不论是否有这个活动都要给好评的,现在做一个点评,又可以赚20元话费也还挺值的。本来我就没有什么不满意的,何乐而不为呢?

我:"可以呀!"

前台:"那您昨天加了酒店的微信吧。您发一条信息给我,我就知道哪个是您了。"

我:"好的。"然后我就走了。

这时我更加确信,办理入住的时候酒店就已经设定了跟用户建立联系的互动环节,办理入住的时候加微信的环节,并不只是为了让用户发朋友圈,而是为了最后建立联系,获得好评。

离店后,大概下午2点30分的时候,酒店的微信账号给我发来消息:"您好,不好意思打扰到您,如果您住得满意,麻烦您有空帮忙在订单里面点亮5颗星星哦,麻烦您截图发给我,谢谢您了。为回馈新老用户,酒店做活动,有时间的话可以编辑50个字以上的评价,再附带5张以上图片,截图给我,可以给您充20元话费的哦!点评后找到酒店全部点评第一条就是您的哟。"

我们分析一下这条微信消息传递了哪些信息。

首先是在做活动,而不是像一些酒店做好评转化的时候跟用户讲条件:只有给5星好评才送礼物。如果用户不同意,礼物会被要回去吗?用户拿到礼物离店以后真的会给好评吗?是不是想想都是一个超级尴尬又滑稽的场面?

另外，这条消息明确告知用户，酒店需要的好评不只是5分，还需要50个字以上的评价，再附带5张以上的图。究竟什么是好评？只有与客同频的好评才是酒店所需要的好评。

接着我回复消息："需要带员工名字吗？"

酒店："算了，不想太出名。"同时给我发了几张酒店餐厅、客房的图片。这一步很好地解决了一些用户点评时没有素材的问题。

我："你们做好评没有考核奖励，例如奖金吗？"

酒店："没有奖金。"

我："没有奖金的话我就不带了。"然后我就按要求发布了一条点评并截图给酒店。后来我重新查看发布的那条点评，发现竟然写了200多字，附带了9张图片。

酒店："请您提供一下姓名和充值号码。"

给酒店发了姓名和电话号码以后不到5分钟，就收到了话费充值20元到账的短信。

复盘整个的沟通过程，可以发现从办理入住、入住期间的服务，直到离店时的交流全部都是设计好的。比如充话费这个方式，如果酒店送的是其他礼物，酒店能向用户要姓名和电话吗？即使酒店要了，用户会给真正的吗？很难，每个人都有极强的保护隐私的本能。用充话费这个方式，相信没有人可以拒绝提供真实姓名和电话号码。

我猜测，酒店下一步动作就是把姓名、电话号码马上备注成微信昵称。如果有任何问题，酒店都可以跟PMS系统上的入住记录一对一地对应上，不会出现任何差错。

同时，我也猜测离店以后跟我微信聊天的人不会是前台办理离店的小姑娘，很有可能是一个"抠脚大汉"，因为既要应对现场入离店的用户，又要微信联系离店用户转化好评，一个近200间房的酒店的前台是无法单独做到的，这应该也是点评内容不用提及员工姓名的原因。

综合以上案例，总结一下酒店在办理离店过程中使用的一些技巧和方法。

1.先送礼物。先拿出准备的离店小礼物，让用户挑选。

2.询问感受。询问用户入住酒店后有什么建议。

3.推出活动。点评送话费的活动。

4.好评转化。微信沟通，确定好评内容。

5.资料存档。修改备注，做好信息存档。

通过这个案例可以发现，酒店从用户入住一直到离店的整个过程，都在想办法跟用户进行互动，希望这能对大家有一些启发。

需要提醒的是，在用户入住期间，如果要赠送果盘，尽量以剥皮的水果为主，比如最常见的就是香蕉、橘子、荔枝等，这些也是用户消耗最高、评价最好的几种水果，一般情况下用户较少怀疑这种水果有卫生问题。

尽量不提供切好的西瓜、哈密瓜、苹果等水果果盘。我有一次参加线下授课，酒店为了表示重视，准备了西瓜果盘，结果我吃了一口西瓜之后就全部倒进了垃圾桶。为什么呢？因为西瓜上全是浓浓的葱蒜的味道。

对于切好的水果，用户会担心用到的砧板、刀是否干净，对于荤素冷热食品，用户会担心加工工具是否分开、分类使用，这些都是用户会关注的问题。

当然除了转化好评以外，酒店还应该对参与好评转化的员工给予考核奖励，只有通过对用户和员工两方面的激励，才能更有效地转化酒店想要的好评。

第4节 好评转化的考核

如果没有好的激励制度及考核标准，就不能让所有的员工都像前面案例所描述的那样做到尽善尽美，这就需要酒店管理者制定适合本酒店的好评转化机制，避免员工"吃大锅饭"。

一个良性运营的酒店一定是多部门协同合作的酒店，酒店的业绩不是某一个人或某一个部门的功劳。说到好评转化考核，一定避免不了要谈到考核时的好评标准以及好评转化率的计算。

应该怎样确定考核时的好评标准呢？根据我运营多家酒店的经验，可以把高于酒店当前综合点评分的评价都算作好评，这样才能做到理想目标与酒店实际情况相结合。

假设一家酒店当前的点评分是4.2分，高于4.2的点评分都应该算作好评；假设酒店目前的点评分是4.8分，那高于4.8分的都应该算作好评。

如果5分才算作好评，就会对员工造成心理上的压力，让员工觉得是一个很难完成的任务，尤其对于好评基础比较差的酒店，反而会降低员工的积极性。

逐级提高，心急吃不了热豆腐，只有设立合理的够得着的目标才能激发员工努力完成的斗志。对于底子本来就比较差的店更是如此，如果一家酒店的用户综合评分比较差，一定是内部管理、服务流程、团队协作、员工意识等各方面都存在问题，这样更不应该拔苗助长，而应该循序渐进。酒店的终极目标是5分好评，但短期目标应该是今天比昨天好，明天比今天好！

评价转化率＝评价条数÷订单数×100%。这其中包含差评、中评和好评等所有的评价。

好评转化率＝酒店认可的考核好评条数÷订单数×100%。

某酒店本月订单量100个，评价共20条。酒店认可的好评点评分为4.5分，4.5分以上的评价16条，4.5分以下的评价4条。

评价转化率＝20÷100×100%＝20%。

好评转化率＝16÷100÷100%＝16%。

理解了评价转化率和好评转化率，就要考虑如何运用到酒店实际工作中，即如何考核酒店员工的好评转化。

假设，某酒店2月份好评转化率是20%，3月要以2月的完成结果为目标，即每100条评价里要有20条以上是好评。

奖励可以这样进行设定：好评率达到20%及以上，且均为酒店认可的好评，每条奖励8元；如果达不到20%，每条奖励3元，低于行业均值或者最低设定线则不奖励。最低设定线可以根据行业好评转化均值、酒店商圈好评转化率均值或者对标的标杆酒店的转化率设定。比如，某运营比较良好的酒店是你酒店直接对标的竞争对手，他们的好评转化率各方面均比你酒店优秀，此时可以参照该酒店；当你酒店的好评转化率达到与对标酒店相同的时候，可以重新选择更优质的对标酒店或给自己酒店设定增长目标比例。

查看其他酒店好评转化率的最直接有效的方法，是通过OTA平台后台的竞争圈数据查看订单量，然后在平台的酒店详情页查看评价数量，再进行统计。

有奖励的同时也要有相应的处罚机制：如果好评达不到酒店认可的标准，可以按照一定倍数扣除所获得好评的条数。奖罚分明才能有效激励。

以上考核及奖励标准可根据酒店实际情况进行灵活设定。

除了基础的奖罚外，酒店还可以为每月好评转化率最高的员工准备一定的奖品或者一个奖杯。需要注意的是，这种奖品尽可能不使用现金奖励，原因有3点：第一，员工已经获得了基础的奖励，一般现金奖励金额不会太高；第二，颁奖时刻要全员参与，增强仪式感；第三，尽量用刻有员工名字的定制奖杯或者奖牌进行奖励，成本不高但是效果会出奇的好。或许员工拿到的刻有自己名字的第一个奖杯或者奖牌就是你的酒店授予的。相信通过这样的方式，下个月所有的员工都会在脑海中想象自己拿到奖杯或者奖牌的荣耀时刻。

第八章

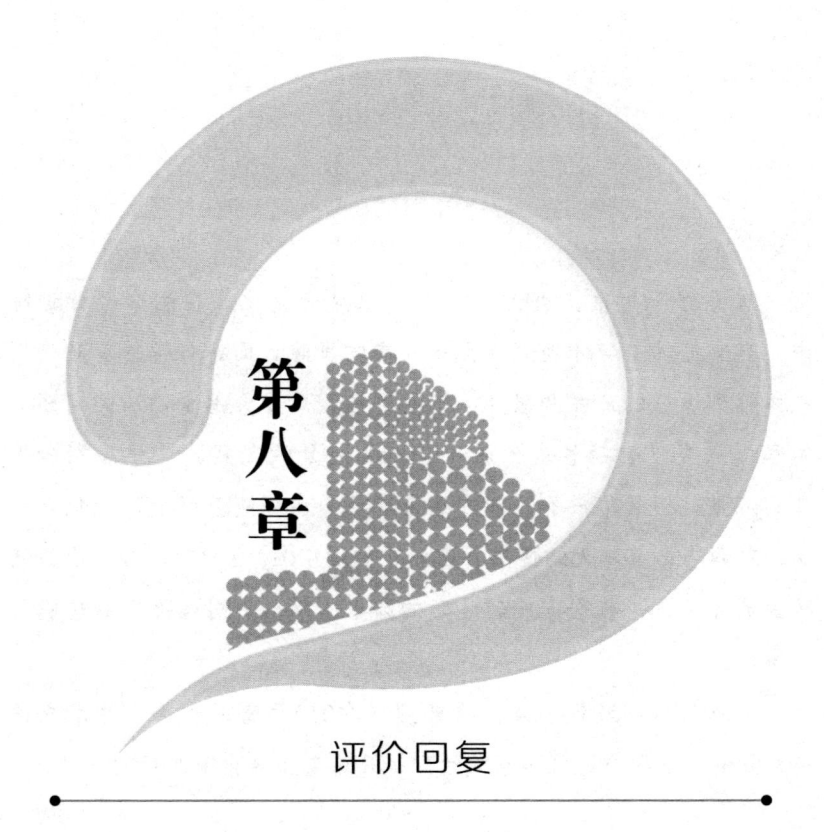

评价回复

有差评不可怕，就怕得了差评以后没变化。在酒店经营过程中，只有好的口碑才能获得更多用户的青睐。而好口碑的基础是用户体验到了好的产品和服务。一些酒店人，没弄清楚酒店的问题在哪里，只要没有销量就使用一些提升流量的工具。这样短期内提升了流量，但长远来看可能却适得其反，出现流量越大，转化率越低，对酒店伤害越大的情况。因此在做酒店OTA运营时，首先应该从线上展开优化，梳理影响转化率的因素，然后针对性提升酒店服务品质。

本章从口碑建设出发，讲解酒店在OTA运营时如何关注用户评价、如何回复用户评价，从而达到提升流量和转化率的目的。

第1节　关注评价的积极影响

评价是用户在一家酒店入住完成之后，结合自身入住体验，对酒店位置、服务、卫生、设施等各方面情况的真实反馈。酒店日常经营的好坏可以从评价中看出来。只有把关注用户评价常态化，从用户的评价中重新提取出对于酒店运营有帮助的信息，完善用户提到的不足，发扬用户认同的优点，不断改善软硬件，才能够更好地改进酒店的运营和增加订单量。

以下是关注用户评价的一些积极影响。

一、提升用户体验

评价是用户真实入住体验的反馈,只有关注用户所关注的才能更好地为用户服务,从而吸引其再次入住,建立良好口碑。酒店可以从用户的评价内容中梳理用户关心的问题点,然后做出对应的整改措施,从而提升用户体验。

二、高评分有效促进订单的转化

从用户角度来看,评分相对较高的酒店,一定是服务管理相对较好的酒店,预订后踩坑的可能性更小。除非出现一种情况,就是很多的评价看起来都非常假或者酒店有刷单的嫌疑。在这里还是要提醒酒店人,千万不要刷单,刷单只能带来一时的收益,长此以往会严重影响酒店的运营并且带偏整个团队的运营方向,另外如果被OTA平台检测到,会受到相应的处罚,得不偿失。

我曾经做过一个调查,调查内容是:你在OTA平台预订酒店时,评分多少的酒店才会去住?选项有以下几个。

(1)必须是5.0分。

(2)必须是4.9分以上。

(3)必须是4.8分以上。

(4)必须是4.7以上。

(5)评分无所谓。

得到的结果是,80%以上的人在携程上选择4.6分以上的酒店,而在美团上选择4.8分以上的酒店。对评分无所谓的用户仅仅占了10%。从这个调查当中可以看出，用户在预订酒店的时候，对用户综合评分是有要求的，并且很大一部分用户是比较敏感的。从流量获取的角度来看，大部分的流量就会被那些评分高的酒店优先获得，所以高评分会促进订单的转化。经常有酒店人表示疑惑：为什么自己的酒店各方面都比竞争对手好，但订单还是很少呢？很可能就是因为酒店点评分比较低的原因。

三、为合作协议背书

好的评价和评分可以帮助酒店与旅行社、协议单位顺利签单。

我以前运营一家四星级酒店的时候，有一年发现这家酒店的协议单位、旅行社单位订单多了起来。刚开始我不明白为什么在没有去主动签约的情况下会有订单增加。后来与一个旅行社的总经理在无意间聊为什么选择我们酒店的时候，他告诉我，他们在一个城市选择酒店的时候会优先考虑用户的满意度。因为对用户来说出行时有好的体验是首要的，价格倒不是最重要的，所以他们在选择合作酒店的时候会尽可能选一些性价比比较高的、被更多用户认可的酒店。要达到他们上述要求的一个重要的标准就是OTA平台上酒店的点评分，酒店的点评分相对其他酒店比较高的，他们就比较放心，用户住得满意，投诉就会比较少。即使有不满意的情况，这种酒店对投诉的处理也会更专业，这样对旅行社的管理和收客就会起到积极的作用。他的意思很明确，高评分的酒店也可能会出现不好的体验，但概率更低。

然后我就问他，为什么一定要去平台上看呢？他说与每家酒店的销售人员交谈的时候，一定会把酒店最好的一面展示给他们，如果仅凭销售人员的一面之词去判断这家酒店的好坏，很容易被误导，因为没有一个销售人员会说自家酒店不好。但是如果他们以平台上的用户点评分为标准的话，从一定程度上能真正知道这家酒店的管理情况和服务情况。

看完这个旅行社总经理的回答之后，我相信很多人都会明白，用户点评分是非常重要的，可以助力酒店签约团队客户，为酒店带来收益。

这从另一个角度也反映了，无论是用户的点评内容还是酒店商家对用户点评内容的回复，都不只是给写点评的用户自己看的，而是给未来有意愿入住这家酒店、但尚未入住的用户看的。点评内容本身及酒店商家对用户点评的回复，对未来的影响比当下更重要。

四、及时解答用户疑虑改善负面影响

虽然用户在一家酒店入住完成之后，大部分的评价都是真实客观的，但仍然避免不了有些用户因斗气给差评，甚至出现竞争对手做恶意评价的情况，这都会给酒店带来一些负面的影响。我们知道，用户的评价及酒店所做的评价回复是给未来的有意愿入住该酒店的用户看的，因此遇到这种情况时，酒店一定要及时进行回复，对于用户提出的问题，及时进行改善，尽可能地降低未来用户预订酒店时的疑虑，有效促进订单成交。

我做顾问和帮助运营酒店时都会提一个要求，就是交接班的人在接班后如果没有必须马上处理的工作，第一时间要对所有评价进行回复。当然，如果酒店设有独立的OTA运营人员，则每天在上班后、上班中进行两次检查，看是否有最新的评价尤其是差评出现，只有这样高要求才能尽可能降低负面影响，从而带来更多订单。

五、提升用户综合评分

无论是美团的HOS指数，还是携程的PSI服务质量分，或者是飞猪

的MCI，都有一项标准跟用户点评分有关，所以提升点评分可以很好地提升HOS指数、PSI服务质量分或者MCI。HOS指数、PSI服务质量分、MCI分值越高，在相应平台获得的权益越高。

部分用户看评价的时候会优先看差评，甚至有些用户只看差评。如果差评中提到的某个点刚好触及了用户比较在意的因素，就极有可能导致用户放弃预订。有些差评的浏览量达到了几千甚至上万，假设酒店转化率是10%，这些差评就会造成几百上千个订单的流失。可见，不好的评价浏览量越高，对酒店的转化率影响越大，用户下单预订的欲望也就越低（如图8-1和图8-2所示）。

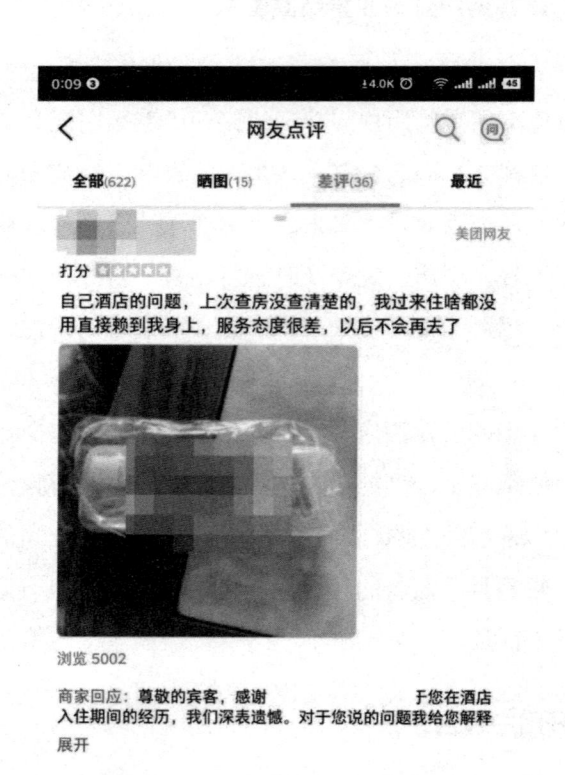

图8-1　差评高浏览量示例一

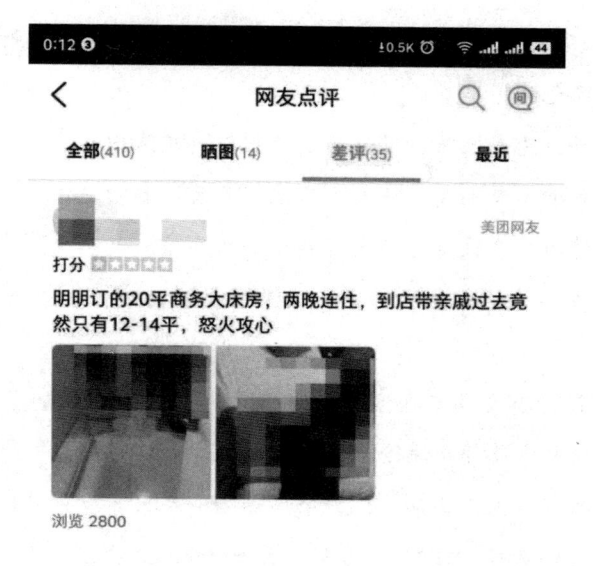

图 8-2　差评高浏览量示例二

因此，酒店应尽可能提供令用户满意的服务和产品，争取更多优质5分好评。优质5分好评越多，显示就会在评价中越靠前，用户看到的机会就越大，就能更好地提升酒店的转化率。

用户综合评分越高的酒店，用户给差评的概率越小。高评分会给用户造成一种奇怪的心理暗示："别人都给5分，都说这家酒店好，如果我说存在问题，给差评，会不会是我的问题？"

2023年上半年，全网最火的美食要说是淄博烧烤，相信很少有人反对吧。淄博烧烤大火以后，自媒体博主们都在深挖这个被大家向往的"神话"城市，用网友的话说：这才是人间烟火气。以下举例一些标志性的、让大家觉得非去不可的事件。

游客预订五一淄博的酒店后，被"坐地降价"600多元。

淄博207家党政机关事业单位免费向公众开放停车场、厕所；淄博所有公共停车场免收停车费。

招手即停，免费乘坐，"90后""黑牌"车队出动。

"美景美食不只淄博，好客山东应有尽有"的劝退信。

淄博烧烤节，三大运营商全部到位保障通信。

烧烤店发公告轮班休息，第一次见做生意的调休，本来是老板，现在是打工仔。

五一假期，有烧烤店店主为劝退游客，自己给自己刷了17个差评，被系统识别为恶意差评而删除。

名仁苏打水、农夫山泉、汇源果汁等企业在火车站免费发放饮品。

金岭日日鲜老板"摆烂"5分钟，竟被全网逼成大BOSS。

淄博幼儿园志愿者上线派发文旅宣传页。

淄博八大局便民市场邀请本地书画名家现场作画、写书法，售价仅20元。

淄博八大局便民市场邀请本地名中医免费诊疗。

淄博的各种表现有没有让你觉得眼前一亮？但即便做得如此优秀了，仍然会有一些不尽如人意的地方，不过很奇怪的是，当有人在网上吐槽自己在淄博经历过的不悦事件的时候，很快就被不同评论掩盖了。

反之，用户综合评分越低的酒店，用户查看差评的概率越大。用户在预订酒店时会在差评中查看是否有自己无法接受的差评因素，出现这种情况的时候，首先要做的就是先通过评价回复尽可能降低负面影响。

第2节　评价回复技巧

很多人都有惰性，酒店人也不例外。经常有人问我或者在微信群里问有没有评价回复的模板，这就是典型的投机取巧之心。看到负面评价，第一时间想到的不是如何解决用户提到的问题，而是在想有没有捷径可走，有没有更省事的办法。这样做是降低了不少工作量，但也浪费了很多推广自己酒店和跟用户沟通的机会。

得体、专业的评价回复展示的是酒店的运营团队的专业性和对客反馈问题的态度，可以提高关注评价的用户的下单欲望；相反，敷衍的、不专业的回复，则会降低用户下单的欲望。

做过大量不同类型酒店的顾问运营工作后，虽然没有得出什么固定模板，但我总结了八个评价回复技巧，每个技巧都对应评价中可能出现的一些问题。相信通过这八个评价回复技巧的学习和运用，经营者能很好地进行酒店推广和降低负面评价影响。

一、认真对待，不使用网络称谓

经常看到有些酒店回复评价时偏爱使用"亲""主子""主人"等网络用语，用这些词语的时候，首先要清楚一点，我们用什么身份与用户对话是最合适的！酒店运营过程中，非常忌讳陷入"自嗨式"运营中，运营人员感动了自己，而用户无感甚至会有一些厌恶的情绪。相信很多人看到过那些微信群或者朋友圈里截图分享的点评回复，大家都觉得很好玩，但仅仅局限于一时笑谈，极少有人真正觉得这样的回复有用并且会用于自己的酒店上。

OTA平台的评价回复属于酒店的官方回复，一定要以尊重和严肃的态度对待，尤其回复一些差评的时候，明显用户在差评中提到了很多对于酒店的不满，如果酒店仍然以一种不严谨的敷衍式的态度回复用户的评价，用户的感受一定是不好的。类似于平时的商务活动，即便参加活动的是很熟悉的人，也要穿西服或者着正装出席，而不能穿短裤、人字拖。

二、诚恳的态度是解决客诉的前提

经常会遇到这样一种情况，虽然最终未解决用户投诉问题，但酒店因解决问题的良好态度而得到用户的谅解。如果酒店没有诚恳的态度，甚至跟用户针锋相对，最终的结果只能是用户不开心，酒店得差评。尤其对于差评的回复，字里行间都要透露出对用户的歉意，而不能只要出现差评就认为是"恶意差评""同行差评"。类似这样的心态在日常运营中并不少见。

三、查清问题，回复不敷衍

一些酒店存在这样的一种情况，多位用户在评价中已经屡次提到酒店的软件或者硬件的某个共性问题，酒店评价回复也多次提到酒店将加强员工的培训、将尽快处理所提到的问题、尽可能不让同样的事发生在其他用户的身上，但最终结果往往是无论用户做出多少次类似评价，同样的问题仍然会在新的一些评价中出现，这也从另一方面反映了酒店对用户反馈问题的不重视，甚至态度敷衍。

评价回复的首要目的，是打消有意愿预订酒店但尚未预订酒店而查看评价的用户的疑虑。所以遇到这类评价，要查清用户所提及的问题，并根据问题给出解决方案加以解决，而不能敷衍了事，为了回复而回复。

四、重视且处理迅速，避免流失用户

出现用户差评，只有尽可能引起重视并且尽快处理用户提到的问题，才能尽可能地减少对酒店的负面影响。如果对用户提到的问题长期置之不理，很有可能造成更多用户的流失。用户在评价中提到的问题，拖延得越久，对于酒店的经营越不利，对于可能下单预订的用户产生的影响越大。

五、同样的问题不能发生在其他用户身上

解决了用户所关心的问题，才能提升更多用户预订酒店的可能。如果多位用户提到同样的问题，又正好是查看评价的用户关心的问题，查看评价的用户就会设想，同样的问题很有可能也会发生在自己的身上。

六、植入其他增值产品，多维度触达

这个技巧也就是根据酒店问答版块统计同商圈、同类型、同档次酒店用户最关心的问题，把用户最关心的问题和酒店能提供的增值服务等信息植入酒店的评价回复当中，多维度触达用户，提升预订转化率。

七、期待沟通，抓住机会改变

对于已然产生的差评，要想办法建立与用户的沟通渠道，无论用户是否会主动沟通，酒店都要在评价中表达积极沟通的态度，了解用户在酒店的实际体验并对问题予以解决，让用户感受到酒店的改变意愿。

在酒店实际运营过程中，即使在评价回复当中提到"我们期待与您进行沟通，如果您愿意，请致电××，我们将最大限度地给予补偿"等类似的话语，基本上也很少出现用户主动联系酒店寻求补偿的情况。但这样的回复仍然能体现酒店处理问题的态度，而态度是解决一切差评的

基础，也是给未来预订酒店的用户传递一种观念：对于每个用户的反馈酒店都是重视的。

八、温馨结尾，期待再来

用礼貌性用语或以酒店所在地的天气、温度及风土人情相关的温馨提示作为结尾，体现酒店的专业性。

在实际的评价回复中，如果是回复高分高质评价，可以对以上评价回复技巧做相应简化。

第3节 评价回复案例解析

相信大家看了前文八个回复技巧后，已经对酒店评价回复有了一个初步的印象。接下来，我们用例子详解遇到具体的评价该如何回复，以便加深大家的印象，让大家能够真正做到学以致用。

案例1：高分低质评价回复案例。

用户评分：5.0分。

评价内容：（空）无任何语言的评价，或类似"#服务好#环境好#卫生好#位置好#"这种权重比较低的5分评价。

酒店回复：尊敬的宾客您好，虽然没有多说什么，但是从您的5分好评中足以感受到您对我们酒店比较满意。当然入住过程中有任何的问题，都可直接扫描房间内的管家服务二维码或者致电前台，我们的管家将在五分钟内为您提供服务。另外，距离酒店300米有地铁1号线，15、18、123路公交车站；距离酒店500米范围内有万达商业广场、××美食街等，方便您的出行。期待您的再次光临，祝您旅途愉快。

我们来分析一下对于此类用户评价，以上回复方法是如何与评价回复的一些技巧相对应的。

第一，以"尊敬的宾客"称呼以示尊重，也符合评价回复技巧里面的第一个——以官方的口吻认真对待。

第二，对应第六个技巧，植入了酒店的其他增值产品，能够多维度触达用户，提升预订量。对用户的5分好评表达感谢，之所以提到5分好评，主要是为了引导其他用户也给5分评价；根据酒店问答版块热度统计结果，植入酒店的位置、交通、购物等相关信息，提高预订订单的转化率。

第三，对应第八个技巧，礼貌用语结尾，期待用户的再次光临，增加用户好感。

还有一种类型的评价，从用户给到的分值来看是一条5分的评价，但是从内容上体现出的却是一条"差评"，即使对于点评分有一定的帮助，但却降低了用户的预订转化率。我把这类型的评价也叫作"高分低质好评"。我所顾问的一个酒店就出现了这样一条用户评价，我们一起来剖析一下这条评价。

案例2：另一类高分低质评价回复案例。

用户评分：5.0分。

评价内容：虽然没有电梯，但是酒店的门卫大哥很热情，帮我把行李箱提到了四层，感谢。

酒店回复：尊敬的宾客您好！非常感谢您选择入住我们酒店并分享您的入住感受！期待您的再次光临！

用户评价内容的关键信息有：第一，酒店没有电梯；第二，用户携带有行李箱；第三，房间在四楼。

酒店没有电梯，如果用户携带行李箱或大件物品，又或者入住后要外出，都需要爬楼才可以，这会给用户的出行造成不便。

因此，这条评价从评分来看是一条好评，但从评价内容来看，具有一定负面影响，会降低在意酒店是否有电梯或商务出差、旅行等携带有大件行李的用户的预订转化率。可见，酒店关注用户评分的同时，还要关注评价内容的质量。

可当我看到这条评价的内容的时候我就很奇怪，因为我知道这个酒店是有电梯的，难道是当天电梯坏了？我带着心里的疑问拨通了酒店OTA运营总监的电话，得到的答案是：整个酒店将近130间房，没有电梯的房间仅有两间且是特价房，其他所有房间均有电梯，可直接到各楼层。听到他的解释之后，我明白了事情的真实情况并对如何做好这类型的评价回复做了指导。

这条用户评价的回复建议：

尊敬的宾客您好，首先非常感谢您选择入住××酒店，并5分好评对我们进行肯定。

您当天选择预订的是本酒店的优惠特价房且此房型仅有两间，其他所有房间均可乘坐电梯直达相关楼层。即便如此，就像您说的，我们仍然会对预订此房型的用户提供入离店行李搬运服务。另外，酒店周边3公里内有××4A级景区、××美食街、××特产购物中心等网红打卡地，都是每个来××城市的用户必打卡的地方，相信您的行程会更加精彩。期待您的下次光临并进行体验，祝您生活愉快。

以上就是针对此条评价给出的回复建议，我们把这条回复拆分解析，看看用到了评价回复的哪几个技巧。

第一，按照回复技巧中的第一个，以官方口吻一对一回复，并对用户入住表达感谢。

第二，根据回复技巧中第二和第三个，用诚恳的态度，查清用户反馈的问题，对用户提到的没有电梯的问题进行解释说明，并且明确告知其他房间均有电梯，打消用户疑虑，暗示用户如果在意有无电梯，可以预订其他房间。

第三，即便个别房间没有电梯，也会有工作人员提供行李搬运服务，解决后顾之忧，提升用户体验。这运用了第四和第五个回复技巧，重视用户反馈，并尽可能保证同样的问题不会发生在其他用户身上，提出改进方案，引导用户预订符合要求的房型。

第四，运用第六个回复技巧，植入酒店周边信息。告知用户酒店周边有景区、美食街、特产购物中心等网红打卡地，提升用户的预订兴趣。

第五，结尾祝福与祝愿，运用了第八个回复技巧。

遇到此类型的评价内容，要把真实情况进行说明，要能时刻进行酒店人到用户的身份转变，设身处地地思考：如果我是用户，看到这样的评价和回复会是什么反应？以上两条回复都是高分评价的回复，这类型的回复相对于低分低质差评的回复要简单得多。低分低质评价的回复要求更高、更专业，因为稍有不慎就可能引起其他用户的反感而起不到降低负面影响的作用。

案例3：低分低质评价回复案例。

用户评分：1.0分。

评价内容：酒店房间一进去一股异味，不知道什么味道，很刺鼻。

酒店首次回复：亲，非常抱歉给您带来了不好的入住体验，感谢您的反馈。我们已经不断对客房服务进行培训和提升，并制定了三级检查制，卫生情况已经大大改善。房间有味道可能是下水道返味，我们会仔细排查，找出原因并解决。我们一定会落实改进，保证您下次来店，有个完美的体验。

我们一起来解析一下上面这条评价的回复。回复内容里使用了"我们已经不断对客房服务进行培训和提升""三级检查制""大大改善"此类套话，这类套话会让人明显感觉到是一种模板式、敷衍式的回复，没有真诚可言。另外，"可能是下水道返味"这类未确认问题一般属于顽疾，很难短时间内消除，未来的用户预订时仍有可能发生。而且回复该评价的员工使用了具有推测语气的"可能"二字，非常不严谨，无形中加强了对酒店的负面影响。

这同样是我服务的一家酒店，因为之前极少有用户在店内或评价中提到有异味的情况，我就很纳闷，这个异味是什么原因造成的呢？随后我联系了酒店负责人了解情况，原来酒店根本不存在下水道返味的情况，真实情况是：因为处于淡季，酒店安排工程部进行客房内家具保养维修，对其中的六间房进行了补漆维护，房间内尚有一点点余味没有散尽，而不是回复中所说的下水道返味。在我了解完情况后，对相关工作人员重新进行了评价回复八个技巧的要点讲解，并让其重新进行了回复，重新修改后的回复内容如下。

尊敬的用户，看到您的评价我们很焦虑，我们第一时间对相应的客房刺鼻味道的情况进行了调查。真正的原因是当天对部分客房的家具进行了补漆，虽已经进行了通风处理，但您入住后尚有余味未散尽。非常抱歉给您带来了不好的入住体验，我们决定暂停销售参与补漆的六个房间并再次对它们进行通风处理，为了更多用户的入住体验，直到完全没有异味才会开放售卖。再次对给您造成的困扰表示道歉。

另外，在您入住期间，有任何问题可随时联系24小时服务管家，我们提供以下免费服务：免费洗衣、免费夜宵、免费雨伞、无限量矿泉水等。期待您体验本酒店百项增值服务，也期待您致电酒店，我们将对您的不好体验给予最大限度的补偿，期待您的再次光临，感受进步中的××酒店，祝您生活愉快。

从以上重新修改后的评价内容可以看出，阅读起来会有非常舒适和得体的感受，并且解释了用户评价中所提到的问题，也打消了其他可能预订酒店的用户的疑虑。我们来分解一下修改后的评价内容，看是如何与评价回复的八个技巧对应的。

第一，"尊敬的用户"，使用官方的口吻一对一进行回复。

第二，"看到您的评价我们很焦虑""再次对给您造成的困扰表示道歉"，态度诚恳，传递一种对用户的不好体验极为重视的态度。

第三，"真正的原因是当天对部分客房的家具进行了补漆，虽已经进行了通风处理，但您入住后尚有余味未散尽"，表明该问题只是酒店为了让客房更加完美而做出的维护操作，短期内可解决，不会长期存在，打消其他用户的顾虑。

第四，"第一时间对相应的客房刺鼻味道的情况进行了调查"，重视问题且处理迅速。对用户提到的问题开展了相关调查，而不是猜测问题所在却未经核实。

第五，"我们决定暂停销售参与补漆的六个房间并再次对它们进行通风处理，为了更多用户的入住体验，直到完全没有异味才会开放售卖"，表明同样问题不会发生在其他用户身上。

第六，"有任何问题可随时联系24小时服务管家，我们提供以下免费服务：免费洗衣、免费夜宵、免费雨伞、无限量矿泉水等"，热度植入，在合适的时候用合适的方法达到推广酒店其他服务的目的，转移查看评价的用户的注意力并增加预订信心。

第七，"也期待您致电酒店，我们将对您的不好体验给予最大限度的补偿"，希望用户给酒店机会改变，表达与用户沟通的意愿，展示解决问题的态度。

第八，"期待您的再次光临，感受进步中的××酒店，祝您生活愉快"，提醒及祝福，让整个回复完整有序，专业得体。

通过以上三个真实用户评价和酒店回复案例的解析，我相信大家已经对如何回复一条评价有了更深入的理解。当然酒店一定要针对用户提出的问题进行对应的改变优化，这样才能够运营出一家富有竞争力的酒店！

酒店运营时，不可避免地会有一些用户不满意，用户不满意时首先想到的发泄渠道可能就是通过OTA平台客服进行投诉或者在OTA平台上给一个差评。得到差评不可怕，就怕得到差评以后没变化。所以遇到差评以后，拿出具体的解决方案并保证问题不再发生，才是解决问题的关键。

第九章

酒店服务设计

承接下意识，激发潜意识，延续用户使用习惯！

通过对多年酒店管理经验进行总结、与优秀同行沟通交流、跨行业考察学习等路径，我得出的服务设计最核心的理念就是"承接下意识，激发潜意识，延续用户使用习惯"这18个字，酒店运营时贯彻了这18个字，酒店服务设计及用户满意度的问题就迎刃而解了。

给用户提供优质的服务不是丛林探险，不是给用户下套，用户的良好体验是用真心换来的，解决用户担心的和关注的问题，良好的体验自然就有了。

第1节　顾客的不满与投诉

根据相关统计，顾客流失的原因有如下几种。

去世了，1%；

搬走了，3%；

自然地改变了喜好，4%；

在别人的推荐下换了其他的替代产品，5%；

在别处享受到了更便宜的，9%；

对产品不满意，10%；

服务人员对他们的需求漠不关心或无法满足，68%。

从以上数据可以看到，最重要的顾客流失的原因是，服务人员对顾客的需求漠不关心或无法满足顾客需求，潜在的意思是工作人员处理顾客需求的态度和效率出了问题。

一、顾客不满意的不利影响

一个顾客投诉不满，意味着身后可能有25个不满的顾客，其中24个人不满但并不投诉，6个人遇到严重问题但选择了沉默和忍耐。一个不满的顾客会把他糟糕的经历告诉10～20个人。投诉者比遇到问题保持沉默者更有意愿继续与公司保持联系；投诉者的问题有效得到解决后，会有60%的投诉者愿意与酒店保持联系；如果问题迅速得到解决，会有90%～95%的顾客与酒店保持联系。

因此，酒店在处理顾客不满意的问题的时候，一定要知道这个问题不是一个单一问题，而是一个共性问题，只是投诉的这个顾客把问题摆在了桌面上。有24个人不满，但没有进行投诉，并不能说明问题消失了。问题被隐藏比问题被暴露更可怕。

一个不满的顾客会把他的经历告诉10～20个人，这也就在无形之中传播了酒店的负面信息。我在全国各地住过各类型的酒店超过600余家，经常会有物品遗留在酒店的情况。我发现物品丢失，并主动联系酒店以后，酒店的服务态度及处理方式比较好的寥寥无几。我曾经在广州住过一家法国品牌的五星级酒店。我当时在这家酒店进行特训营的培训，有一次洗完衣服以后就把这些衣服挂到了衣柜里，培训结束回到公司后大约一周才发现一些衣服不见了，经过回忆，大概确定了衣服就挂在酒店的衣柜里面。我跟酒店建立联系后，服务员到当时所住的房间找到了我的衣服。我给酒店提供了邮寄地址，大概三天后收到了包裹。打开包裹一看，所有的衣服都是用一个装卫生纸的塑料袋包装的，塑料袋里面有大量的卫生纸的纸屑，我拿到包裹以后不满的情绪油然而生。类似的经历我在以后的授课和生活中分享了上百次。

可见，不满的顾客对他所遭受的经历的传播，会有多么大的影响，会在其他顾客心目当中留下多么深刻的印象。

上文中也提到，投诉者比那些遇到问题保持沉默的人，更有意愿继续与公司保持联系。有过酒店入住经历的人都知道，很多时候入住酒店时如果遇到一些不是那么严重的问题，心里往往会想：算了，也就入住这一次，忍忍就过去了。这样的顾客可能真的再也不会入住这家酒店了。相反，那些能够直接跟酒店建立联系，进行投诉，把问题摆到桌面上的用户，才是酒店要关注的，并且酒店要把投诉的问题彻底解决。沉默者比投诉者更可怕。而在实际的酒店经营过程当中，工作人员往往并不太喜欢那些把问题摆到桌面上的投诉者，总觉得这些用户是无事找事，或者把他们归为比较难缠的一类用户。这类工作人员的认知是需要改变的。

二、顾客投诉的产生

1.产品和价格不匹配。

比如在一些特定的考试、会展、演唱会、体育赛事等热点事件举办的日期，酒店大幅涨价但相应的服务没有及时跟进。

2.诉求无法得到满足。

没有完美的酒店，也没有完美的服务。酒店运营过程中一定会有用户进行投诉，而酒店对用户投诉的处理方式又不尽相同、千变万化。如果酒店对用户的投诉没有及时处理或者处理不当，导致用户的情绪无法释放，就有可能产生投诉，甚至导致用户在OTA平台差评。

酒店最应该最担心的用户，是那些沉默地在心里投诉的用户；那些对酒店处理感到不满，却不说的用户；口头表达满意，但内心仍有不满的用户。

我在之前负责一家度假型酒店的时候就遇到过这样的一件事情。

7月份是酒店的旺季，整个城市都处于一房难求的状态，所以房价较之于平时有所调整，基础房型的房价在400元～500元。当时我正在接待有合作意愿的旅行社考察酒店，在酒店的院子逛的时候刚好接到一个投诉。问题是卫生间顶部漏水，一起陪同接待的客房部经理主动请缨去处理这个问题。大约20分钟以后，客房部经理回来说已经处理完成，我问他是如何进行处理的，客房部经理告诉我，给用户免了50元，用户也同意了，没有再说什么。我想既然已经处理了那就没事了，结果两天以后，携程平台上出现了一条差评，配了一张上厕所打伞的照片。内容是这样的："酒店真的是一言难尽，上厕所还要打伞，卫生间顶部漏水，不知道派了一个什么样的人来处理。奉劝大家还是别来入住了，房间也比较小，早餐也比较难吃。"

是不是看到这样画面感极强的评价内容，又好气又好笑？这就属于典型的用户嘴上满意了，但其实对处理结果不满意的情形。

所以对于这类问题，一定要重视，不能用剥洋葱的方式去试探用户的底线，而要一次性解决到位。处理投诉不是在菜市场买菜，要拿出可以一次性解决问题的方案。不断试探用户的底线，只能让小事变大，最终无法收拾。

3.员工洞察能力缺失。

用户询问事项、对产品服务等产生直接抱怨或潜在抱怨，或者给出建议，员工不及时沟通解释，就是洞察能力缺失的表现。酒店行业是一个仪式感极强的行业，也是一个每天要跟全国各地五湖四海的人打交道的一个行业。所以酒店的前厅、客房、工程维修人员，都要具备一定的社交能力、洞察用户需求的能力和察言观色的能力。

看一看以下这两种场景，是不是每天都会遇到？

用户在餐厅用餐的时候，嘀咕了一句："这个是温水啊。"如果你是餐厅经理或者餐厅服务员，听到后会做出什么样的反应呢？用户会不会想要比较烫的开水呢？

如果用户在冲泡咖啡的时候，嘀咕："哎，糖在哪儿？"这时餐厅经理或服务员听到后主动把糖包拿到用户的面前，甚至拿两种过来让用户任选其一，用户会有什么样的感受呢？

4.承诺不主动兑现。

有些酒店在OTA平台展示的相关设施设备无法使用，或者根本就不存在；有些酒店对OTA平台上承诺的礼包、欢迎礼品、欢迎果盘等，用户不主动询问就不主动提供。太多酒店的OTA平台上，都会有这么一条相似的评价："答应的升级房型也没有，欢迎果盘也没有，跟酒店前台打了两次电话才送来，有些水果还是烂的。真心不建议入住。"这样的评价，就是酒店在OTA平台参加了对应的活动，承诺了相应的权益，但用户办理入住的时候不主动给用户进行兑现，所产生的差评。

三、应该如何规避投诉

针对投诉产生的原因给出规避投诉的对应方法。

1.产品和价格不匹配。

第一，有涨价情况，服务增加。

第二，可预知的客源增加，提前做好接待人员储备。

第三，优化酒店产品，做好价格支撑。

2.诉求无法得到满足。

第一，合理诉求必须满足。

第二，不合理诉求做好解释调解，尽可能满足。

第三，熟悉好评转化流程，筑好防火墙。

第四，对投诉事件做分级，管理层不可回避。

3.员工洞察能力缺失。

第一，对用户的动向和诉求做好观察记录。

第二，对特殊用户主动关照，如老人、小孩等。

第三，养成告知用户"我们特意为您"做了什么事的习惯。

4.承诺不主动兑现。

第一，承诺了就兑现，无论是在线下店内承诺还是线上OTA平台承诺。

第二，不能兑现或兑现有困难就不承诺。

第三，平台优化不脱离实际，不为优化而优化。

第四，对承诺并达成的事项，主动反馈或展示。

四、顾客满意的积极影响

"服务无大事，服务无小事"，这是对酒店行业最真实的写照。酒店人每天的工作中极少有可以称得上大事的工作，但每件对客服务的小事，酒店人都要当成大事来进行处理。前面讲了用户不满意会带来什么样的后果，那么用户满意会有什么积极的影响呢？

顾客会对他人夸奖酒店，会告诉1~5人；100个满意的顾客会带来25

个新顾客；维护一个老顾客的成本只有吸引一个新顾客的1/5；顾客会更多地购买并且长时间地对该酒店的产品和服务保持忠诚；顾客会购买酒店推荐的其他产品，并且潜移默化地提高购买产品的等级；老顾客较少注意竞争品牌的广告，并且对价格也不敏感；顾客会给公司提供有关产品和服务的好主意。

在酒店的运营当中，获客是一个永恒不变的话题，而让用户满意后主动去宣传，从而吸引新用户是成本最低的获客方式之一。满意的顾客对酒店有更高的忠诚度，这类顾客是酒店非常宝贵的财富资源，通常附近同类型、同档次的酒店会被满意的顾客所忽略。比如，酒店未能很好地控制房间的预留存，致使大床房型满房了，但双床房型大量空置，这时酒店就可以跟常住的一些用户商议，能不能把这些用户的大床房换成双床房，从而腾出一些大床房给新客，这些常客往往会同意。这就是用户满意和忠诚给酒店带来的积极效果。

可以用四象限把用户分成四类（如图9-1所示）。

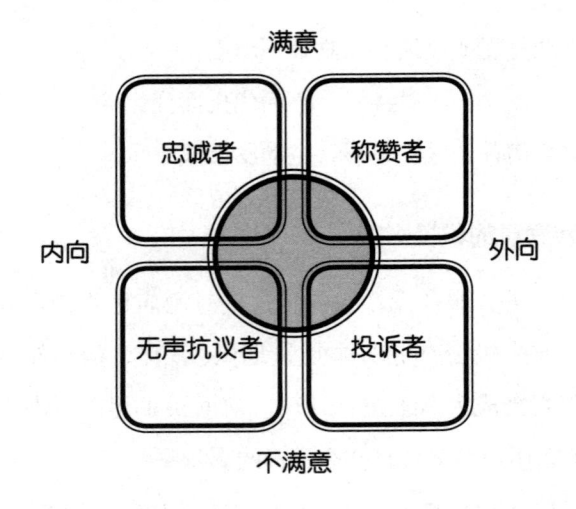

图9-1 用户的四种类别

第2节　服务设计的核心理念

一、服务的分类

酒店的服务可以分成四类（如图9-2所示）。

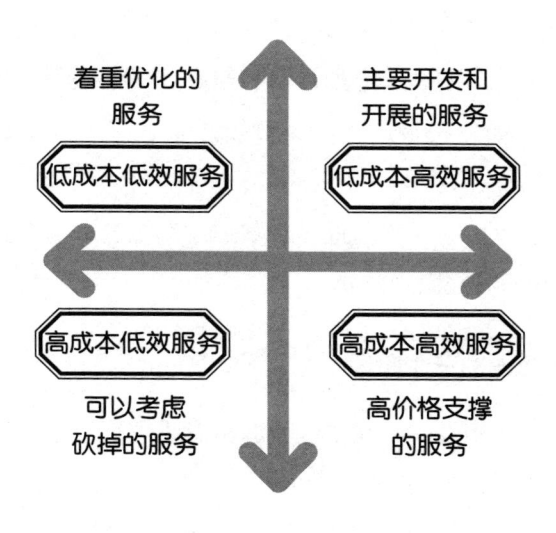

图 9-2　服务的四个类别

1.低成本低效服务。

这类服务是需要着重优化的服务，特点是服务成本较低，但用户感知不强。如房卡套等。

2.低成本高效服务。

这类服务应该是主要开发和开展的服务，特点是服务成本较低，用户感知非常强且乐意宣传，如见面微笑、进店奉茶、亲子气球、主动开门、主动按电梯、引客入房、温馨提示卡、擦拭行李箱等。

3.高成本低效服务。

这类服务是可以考虑砍掉的服务，特点是提供服务所需的成本极高，但用户感知不强或可能导致差评，如欢迎果盘、房间内啤酒饮料、损坏物品免赔等。

4.高成本高效服务。

这类服务是高价格支撑的服务，特点是服务成本较高，用户感知较强。提供这类服务的酒店房型需要有较高的卖价进行支撑，否则很难持续进行下去，如免费接送机、免费接送站、报销打车费、好评免房费等。

酒店要着重考虑的是，通过设计低成本高效的服务，达成酒店服务的目的，并让用户有较强的感知。

二、服务意识的三个阶段

第一阶段：认知破局。建立全员服务意识，提升全员服务认知，把对客服务作为酒店工作的重心，不忘初心，建立服务型团队。

第二阶段：大度经营。把认知和意识变成服务项目，一项项整理落地，贯穿于对客服务的每一个细节，满意为先，成本次之，为酒店口碑建立打下坚实基础。

第三阶段：开源节流。团队的服务意识和酒店的口碑建立以后，优化酒店服务项目，保留和发扬低成本高效益的服务，酌情取消高成本高效益服务，收益为先。

以上三个阶段的达成，需要一定时间的积累和磨合，越快进入第三阶段，酒店的收益就会越高。目前的酒店市场环境中，仍然有相当一部分的酒店处在第一阶段。

处在第二阶段的酒店，算是觉醒比较早的一部分酒店，但这类酒店有一个特点，会长期待在第二阶段，沉溺于第二阶段为用户无限制提供服务中无法自拔，无法迈进第三阶段。这类酒店享受了没有从第一阶段中觉醒的酒店的红利，但也因为大量的高成本支出，导致酒店的收益甚微，甚至倒闭。

国内有个品牌酒店，在房间里放了至少5种、每种2瓶以上的软饮，按市场价，成本大约在20元左右，品类包含青岛啤酒、可乐、雪碧、健力宝、矿泉水等，入住用户都是可以免费饮用的。我在首次入住的时候，非常赞叹这个酒店的服务和老板的大度。

但当我住宿完成第二天要退房的时候，心里产生了奇妙的变化。因为在入住期间，一个人无法把所有放置在房间的免费物品消耗使用完。当我不能把这些物品消耗使用完的时候，第一反应就是想办法把这些东西带走，因为我认为这些东西是我花钱买的。我不能带走的时候，就产生了一种"吃亏了"的心态。自此之后，这个品牌的酒店，我就再没有入住过。

目前国内市场类似于这个品牌酒店的情况是非常多的。酒店行业也因此产生了一些很奇怪的现象：高星级酒店都在想方设法如何提升收益，能免费提供的服务尽可能做到极致，不能免费提供的服务尽可能收益最大化；而一些经济型和舒适型的酒店天天在琢磨如何给用户提供更多的免费服务。

结果导致部分店长、职业经理人"玩嗨"了，投资者收益被严重压缩了。

当酒店在第二阶段通过大度经营，积累了一定的口碑以后，就要开始进入第三阶段，开源节流，重新优化酒店服务项目，尽可能开发更多的低成本高效益的服务。

三、服务设计的18字核心理念

1.承接下意识。

用户下意识想要什么,用户在担心什么,酒店就对应地解决什么。其实非常好理解,比如用户办理完入住以后,下意识就要进入电梯通往客房,酒店就应该鼓励员工主动积极地帮助用户按电梯;当用户退房离店的时候,下意识就要离开酒店大堂,酒店服务人员可以积极推开大堂的门,直到用户离店;非自驾用户,离店后可能要在路边打车,酒店员工可以陪同用户,帮忙招揽出租车;当出租车到达以后,用户下意识要开车门,酒店员工可以主动打开车门目送用户上车。还有在其他章节列举的案例,用户入住酒店都会担心热水壶不干净,那我们就用暖水瓶去代替,解决用户担心的问题。这种提供服务的方式就叫承接下意识。有没有发现这些服务都是成本极低,但能够让用户深刻感知酒店服务很用心的项目?

之前有一个让全网感动的"千千的爸妈",他们带刚6个月大的小宝宝坐飞机的时候,为座位周边的每个人都发了一张小小的卡片,并且装卡片的袋子里贴心地准备了一对防噪音耳塞和两颗阿尔卑斯糖果,卡片上的内容是这样写的:

您好,代我家6个月的小可爱向您问好;这是他第一次坐飞机,望多多关照。

他若哭,愿能顺走您的忧伤;

他若笑,愿能洒到您的心上。

愿您旅途愉快,快乐常在!

千千的爸妈

2022年7月25日

一个博主在坐飞机的时候收到了这样一份小小的卡片，他被这小小的卡片深深感动了，然后分享到了微博上。

从服务的角度分析千千爸妈的行为，这就是一个典型的承接下意识的案例，因为他们带6个月的小宝宝坐飞机，可预知的场景是小宝宝有可能哭或者笑，而小宝宝哭或者笑的时候，可能会给周边的乘客带来一些不适。他们预设了这个场景，然后针对这个场景制订了对应的解决方案：写了一张卡片，并且配备了一对防噪音耳塞。试想如果你是周边的乘客，即便千千在乘坐飞机的时候有哭有笑，你还会因为他的行为而动怒吗？类比到酒店经营上，如果酒店的工作人员为用户预设了很多的场景，并且提供了对应的解决方案，用户难道不会被这些行为感动吗？

承接下意识的服务场景有很多：身份证消毒海绵；酒店房卡回收及发放消毒；为客房送物品时使用带有酒店Logo的垫布托盘；换洗的布草带有酒店Logo；电视、空调遥控器及节目单放置位置；贵宾姓名或诗词折扇制作；接送机车辆；魔方等物品消磨时间等。

当然酒店人也可以跨行业学习借鉴，比如学习超市界的"神话"胖东来。为学习胖东来的先进经验，我今年特意去河南新乡观摩了几天。胖东来在2023年五一期间也成了除淄博八大局便民市场以外的非景区的最热门打卡地。

胖东来的服务之所以被广大消费者认可，极其重要的一个原因是做到了用户下意识担心什么它就解决什么，也就是我所说的承接下意识。

消费者在买海鲜的时候，担心水和海鲜一起称重。胖东来就在称重的时候，提前把塑料袋剪角让水流干。

消费者在购买带有汤汁的食品的时候，如小龙虾等，担心汤汁和干料一起被称重，胖东来就先称干料，称完以后再用勺子加汤汁，以保证食品的口味。

消费者在水果区选择榴莲的时候，可能担心手被刺到，那胖东来就准备一个防扎手套，选择的时候可以使用，以防止消费者的手被扎到。

消费者在海鲜区选择鱼虾贝类的时候，往往担心用手触碰以后会留下腥味，胖东来就准备一次性手套，把消费者担心的问题解决在消费者担心之前。

消费者在选择冻货的时候，可能非常担心手直接接触冻货而被冻伤，或担心冻货被前面的用户接触过有卫生问题，胖东来就准备了防冻手套以方便消费者选择。

消费者在选择衣物的时候担心多花冤枉钱，胖东来就在他自营的商场标注所有产品的进货价，让用户无忧消费。

消费者在购物的过程当中，担心突然出现雷雨天气，自己的电动车被淋湿，而胖东来可能已经为消费者的爱车盖上了防雨布。

……

2.激发潜意识。

人人都会对这个世界上一些新奇的事物充满好奇。基于这种好奇，潜意识里就会有探索的欲望。我在上海入住过一家酒店。这家酒店有个特点，就是客房里面所有的设施基本都是用语音智能控制的，也就是所谓的智能客控。在这之前我也入住过一些配置智能客控的酒店，但体验都不是很明显。我入住完上海这家酒店以后，在将近一个月的时间里，只要入住没有智能客控的酒店，都感觉满满的不适应。

事情是这样的，在这家酒店前台办理完入住，进入客房以后，想打开空调，结果发现没有遥控器；想打开电视，结果发现仍然没有遥控器。这激发了我对智能客控客房的潜意识里的好奇。插卡取电以后，我根据电视语音的提示发现这家酒店的客房配置了智能客控。然后我就开始探索，尝试了通过语音打开空调、调低温度、打开窗帘、放一首歌、打开电视、拉上窗帘、关闭灯光等这一系列的操作。这种智能客控彻底地让我这个长期出差住酒店的酒店人变得生活不能自理了。

第二天早上睁开眼睛，喊一声就打开窗帘并让电视放一首歌的时候，还是能让人有那种激动的心情的。

这家酒店通过收起空调遥控器和电视遥控器很好地解决了一个问题，就是让用户主动使用和依赖它的产品。入住这个酒店也让我恍然大悟，为什么那么多配置了智能客控的酒店不能让用户形成依赖？主要是因为酒店在这之外提供了可替代的解决方案，而这种可替代的解决方案刚好是用户日常生活所习惯的，这样就不能激发用户潜意识里的好奇，同时激发用户的探索欲望。

在这之后一个月的时间里，我住了将近10家酒店，每次入住以后，都会不自觉地想用语音控制电视、空调、窗帘、灯光等设备，如果发现酒店没有配备这类型的智能客控，就会瞬间对这家酒店产生一些不好的感受。这就像使用了智能手机以后，再使用老年机，就会觉得好笨好笨，怎么那么多的功能都无法实现。

激发潜意识的本质是用更好的产品和体验改变改进或者改进用户的习惯。

3.延续用户使用习惯。

你有没有在住酒店时被酒店所谓的标准化服务"逼疯"过？通常一些酒店，尤其是高星级的酒店，都会提供入住期间的客房打扫、夜床服务等标准化服务，但在享受这些服务的时候，我发现很多酒店非常喜欢按照所谓的标准化去规整用户使用的东西。

案例1，充电器规整。

作为一个长期商务出差的人，我在每家酒店基本都会使用电脑，使用电脑必然要使用充电器。在入住酒店的过程中，酒店在进行房间整理或夜床服务的时候，都会把我电脑的充电器盘得整整齐齐，用扎带扎起来放在旁边。当我回到房间再次使用的时候，就需要去掉扎带才能把它重新插在插板上。这给我造成了非常大的困扰，而且没有一家酒店改正这个问题。

案例2，吹风机装袋。

大部分的酒店客房里面都会配备吹风机，配备的吹风机主要有两种：一种墙挂式，一种非墙挂式。对于非墙挂式的吹风机，一些酒店会用吹风袋给装起来。吹风机的放置位置各不相同，一些酒店放在洗漱台的台盆下面，一些酒店放在客房衣柜的柜子里面，还有一些酒店放在床头柜的柜子里面。对于用户来说，最方便的是放在洗漱间的洗漱台台盆下面。每次入住酒店时，我洗完澡、吹干头发后，就会把吹风机放在洗漱台的旁边。酒店的工作人员在打扫房间或做夜床服务时，就会把它重新放回吹风机袋，归整到台盆下面、客房衣柜的柜子里面或者床头柜的柜子里面，导致再次使用的时候极其不方便，需要重新去这些地方找吹风机，然后去掉袋子，插上插板。这就是典型的在用户入住期间没有延续用户使用习惯，从而给用户造成麻烦的案例。

第3节 核心理念的落地方法

一、抵店前，服务前置——OTA促转化

OTA促转化，先解决用户到店的问题。

当今酒店的客源占比已经发生了翻天覆地的变化，可以说OTA客源已经成为相当大一部分酒店的主要客源。如果酒店在经营过程中依然沿用之前大家提倡的惊喜服务，可能会不经意间流失一部分客源。所以从OTA运营的角度来看，我们要把用户到酒店以后可能享受到的服务全部前置，先解决用户到店的问题。或许用户在OTA平台选择一家酒店的时候，就会被某酒店通过房型礼包、酒店简介、点评回复、酒店问答等版块所呈现出来的相应服务所吸引，从而预订了该酒店。酒香也怕巷子深啊。服务的本质是一种产品，是产品就应该让它产生价值，应该让服务给酒店带来收益。能够吸引用户预订就是服务的产品性能的一个体现。

二、抵店后，场景预设——占领用户心智

占领用户心智，首先要思考用户出于本能下一步会关注什么？

预订房间之后，用户要做什么？

办理入住时，用户要做什么？

办理完入住，用户要做什么？

忘记带房卡，用户要做什么？

房间内感到口渴，用户要做什么？

找到烧水壶，用户要做什么？

退房后，用户要做什么？

……

以上列举的这些都是比较常见的场景。通过对这些场景的设想，找出对应的低成本的解决方法，就会形成具有自己酒店特色的低成本高效益的服务。

例如，在特殊时期，一个住店用户可能最担心什么问题？什么问题可能成为他选择某家酒店的一个重要因素？相信大部分人都会认为是卫生消毒问题。是的，没错，那对于卫生消毒问题，酒店又有哪些解决的方法？或者酒店有哪些可以让用户不担心卫生消毒问题的解决方案？

2022年在重庆进行一次培训的时候，一家五星级的酒店的做法让我非常惊喜。这家酒店不仅对房间进行了消毒，还把整个清洁消毒过程完整地呈现给了用户。当用户办理完入住，手持房卡走到入住房间门口的时候，可以用手机扫描房间门框封条上的二维码，查看这间房进行清洁的整个流程（如图9-3所示）。

图9-3　消毒提示封条示例

当时我看到这个门口封条的第一反应是：这是什么？然后我认真看了上面的文字："扫码详细了解我们如何清洁您的房间。"接着我开始扫描二维码查看整体流程。随后我赶紧拍照分享，作为后期培训的素材，最后还对扫描出来的内容进行截图学习。

如果你入住了这样的酒店，你还会担心它的卫生消毒问题吗？在同样价格、同样位置的酒店中，看到这样进行信息呈现的酒店，你会避开这家酒店而选择其他酒店吗？

做这个服务设计的成本高吗？这样一个封条两毛钱就可以搞定。这就是典型的低成本高效益的服务设计，也是承接用户下意识的典型案例。与在用户入住期间赠送消毒湿巾、消毒液、防疫礼包等方法相比，哪一个更能打动你呢？

当然我也见到了很多，因为卫生消毒方法简单粗暴，而让酒店设施设备遭受不可逆的毁灭性破坏的情况（如图9-4和图9-5所示）。

图9-4 消毒造成破坏示例一

图 9-5　消毒造成破坏示例二

三、住店中，服务呈现——让用户感知

学会放大关键行为，不被感知的服务是低效的服务。

酒店运营过程中，常常出现酒店工作人员为用户做了相当多的服务，却没有被用户感知或用户感受不深，从而没有给用户留下深刻的印象的情况，这导致酒店的良好形象在用户脑海当中转瞬即逝。所以在酒店运营中要学会放大关键行为，为用户提供的每一项服务都要尽可能让用户有很深的感受并留下极其难忘的印象，甚至成为用户口中给亲朋好友分享的绝佳案例。

对客人服务不能主动，不能被动，要互动。

做了什么比什么都不做重要，告知用户做了什么比做了什么重要。

最好的放大关键行为、呈现服务内容的方式就是温馨卡片。温馨卡片的写作也是讲究方式方法的。有很多酒店会给用户写入住欢迎卡，但也仅限于此。那究竟应该如何制作让用户印象极其深刻的温馨卡片呢？可以记住下面这个句式：

我是——自报家门，让用户知道是谁在为他服务。

看到您或为了您——为用户考虑，如果做得不对也是出于好心。

我特意——这是针对用户的一对一服务，表现用心和付出。

愿我的服务——用户的不便和不适我们能感同身受，我们比您更希望您能愉悦。

如有任何疑问——不仅仅是这些服务，我们还可以做更多。

祝您——您的入住愉快是我们所期望的。

举例说明：

您好!我是您的服务管家小张，看到您有未喝完的饮料，为了您的饮用方便和卫生安全，我特意用杯盖盖好。愿我的服务能给您带来便利，如有任何疑问或者需要，请您拨打房务中心电话8888，我将竭诚为您服务!祝您入住愉快!

您好!我是您的服务管家小王，看到您有未吃完的水果，为了保证食品的新鲜度和食用方便以及卫生安全，我特意用保鲜膜给您包好。愿我的服务能给您带来便利，如有任何疑问或者需要，请您拨打房务中心电话8888，我将竭诚为您服务!祝您入住愉快!

您好!我是您的服务管家小刘，在为您整理房间时我发现您正处于生理期，我特意为您准备了红糖和热水袋，希望能帮您愉快地度过生理期。愿我的服务为您带来便利，如有任何疑问或者需要，请您拨打房务中心电话8888，我将竭诚为您服务！祝您入住愉快！

　　您好！我是您的服务管家小常，发现您携带笔记本电脑，为了便于您的使用，我特意为您准备了鼠标垫和移动电脑桌。愿我的服务能给您带来便利，如有任何疑问或者需要，请您拨打房务中心电话8888，我将竭诚为您服务！祝您入住愉快！

　　这些案例就是典型的根据预设场景提供服务，然后以温馨卡片的形式放大关键行为，与用户进行互动并把酒店给用户提供的服务进行呈现，让用户感知，从而升华服务的价值。当然场景不仅局限于我列举的这几种，每个酒店都可以列出上百种场景，还可以对常见场景进行热度排序，并提前准备好相关物料。客房工作人员在服务的过程当中只需根据对应的服务场景直接进行操作，而对用户来说，这些服务是具有唯一性的。

　　通过对以上方法的学习，会不会觉得对客服务非常简单？没有高大上的理论知识，只需做到18个字：承接下意识，激发潜意识，延续用户使用习惯！